LEIBNIZ-INSTITUT
FÜR JÜDISCHE GESCHICHTE UND KULTUR –
SIMON DUBNOW

חפץ hefez

Arbeiten zur jüdischen Geschichte
und materiellen Kultur

Herausgegeben von Yfaat Weiss

Band 3

Anna Holzer-Kawałko

In fremden Häusern

Polen und Juden in Niederschlesien nach 1945

Aus dem Hebräischen von David Ajchenrand

Vandenhoeck & Ruprecht

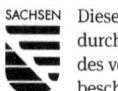 Diese Maßnahme wird mitfinanziert durch Steuermittel auf der Grundlage des vom Sächsischen Landtag beschlossenen Haushaltes.

Gefördert von

 Der Beauftragte der Bundesregierung für Kultur und Medien

Bibliografische Information der Deutschen Nationalbibliothek:
Die Deutsche Nationalbibliothek verzeichnet diese Publikation in
der Deutschen Nationalbibliografie; detaillierte bibliografische
Daten sind im Internet über https://dnb.de abrufbar.

© 2026 Vandenhoeck & Ruprecht, Robert-Bosch-Breite 10, D-37079 Göttingen,
ein Imprint der Brill-Gruppe (Koninklijke Brill BV, Leiden, Niederlande;
Brill USA Inc., Boston MA, USA; Brill Asia Pte Ltd, Singapore; Brill Deutschland
GmbH, Paderborn, Deutschland; Brill Österreich GmbH, Wien, Österreich)
Koninklijke Brill BV umfasst die Imprints Brill, Brill Nijhoff, Brill Schöningh,
Brill Fink, Brill mentis, Brill Wageningen Academic, Vandenhoeck & Ruprecht,
Böhlau und V&R unipress.

Das Werk ist als Open-Access-Publikation im Sinne
der Creative-Commons-Lizenz BY-NC-ND International 4.0
(»Namensnennung – Nicht kommerziell – Keine Bearbeitung«) unter dem DOI
https://doi.org/10.13109/9783666302121 abzurufen. Um eine Kopie dieser Lizenz
zu sehen, besuchen Sie https://creativecommons.org/licenses/by-nc-nd/4.0/.
Das Werk und seine Teile sind urheberrechtlich geschützt. Jede Verwertung
in anderen als den durch diese Lizenz erlaubten Fällen bedarf der vorherigen
schriftlichen Einwilligung des Verlages.

Lektorat: André Zimmermann, Leipzig
Satz: textformart, Daniela Weiland, Göttingen
Umschlaggestaltung: disegno visuelle kommunikation, Wuppertal
Druck und Bindung: Beltz Grafische Betriebe, Bad Langensalza
Printed in the EU

Vandenhoeck & Ruprecht Verlage | www.vandenhoeck-ruprecht-verlage.com
E-Mail: info@v-r.de

ISSN 2749-9324 (print) | ISSN 2749-9332 (eLibrary)
ISBN 978-3-525-30212-5 (print) | ISBN 978-3-666-30212-1 (eLibrary)

Inhalt

Vorwort 9

Einführung: Bei Fremden wohnen –
Mittel- und Osteuropa nach dem Krieg 11

Schlesien, fremdes Land:
Grenzziehungen und Völkervertreibungen 19

Enteignung und »Degermanisierung«:
Das deutsche Eigentum in der Politik der
kommunistischen Regierung 35

Unerwünschtes Erbe:
Deutsches Eigentum im Alltag
der polnischen Neusiedler 55

Die Illusion der Kontinuität:
Jüdische Neusiedler und das deutsch-jüdische Erbe ... 103

Verlust und Entschädigung nach einem
halben Jahrhundert:
Geschichte und Erinnerung 147

Quellen, Anmerkungen und Literatur 153

Zur Autorin 193

*Meinen Eltern,
in Liebe*

Wrocław (Breslau) in einer Aufnahme von B. Kupiec, 1947.
Mit freundlicher Genehmigung des Instytut Zachodni in Poznań.

Vorwort

Präzise und greifbar beschreibt der Autor Dan Tsalka in der Miniatur *Kleiner Rächer* (*Nokem katan*) seiner Autobiografie *Sefer ha-Alef-Bet* (*Das Alphabet*, 2003) den Moment, der seinen Wunsch nach Vergeltung zusammenbrechen ließ: Er sah einen Zug deutscher Flüchtlinge vorbeiziehen, die ein Jahr nach dem Ende des Zweiten Weltkriegs »Wrocław, das ist Breslau« mit ihren Habseligkeiten, »Kleiderbündeln, Decken, Matratzen, Küchenutensilien und Säcken«, verließen. »Nachdem ich monatelang in einer zerstörten Stadt gelebt hatte, machte dieser Exodus einen erschütternden Eindruck auf mich. Sogar einem zehnjährigen Jungen dämmerte die Erkenntnis, dass Rache unmöglich ist, dass die Zeit, das Zeit-Kontinuum, die dem Rachemoment innewohnende Einzigartigkeit und seine Genugtuung untergräbt.« Die Geschichte, die Anna Holzer-Kawałko in ihrem Buch erzählt, ist ebendort angesiedelt, in Niederschlesien. Vor dem Hintergrund der Neuordnung der Grenzen in Europa nach 1945 offenbart die Autorin ungeschönt menschliche und persönliche Erfahrungen, die mit den Änderungen der Besitzverhältnisse einhergingen.

Ihre Position als außenstehende Betrachterin fordert gängige Denkgewohnheiten bereits durch die Entscheidung heraus, die drei Gruppen – Deutsche, Polen und Juden – in einem Atemzug zu diskutieren. Mithilfe einer Chronologie des Verlusts und der Untersuchung der Aneignung von Objekten führt die Autorin uns das scheinbar selbstverständliche gemeinsame Schicksal vor Augen, das in der Nachkriegszeit diejenigen ereilte, die kurz zuvor noch in Verfolgte und Verfolger unterteilt waren. Weil das im mittleren und östlichen Europa realisierte Projekt der ethnischen Homogenisierung zugleich der Vereinnahmung dieses Raums durch die kommunistische Utopie diente – der Verstaatlichung von Eigentum sowie dessen Umverteilung im Schatten und unter Federführung der Sowjetunion –, gingen die Geopolitik der neuen Grenzziehung und ihre Folgen weit über Fragen der nationalen Zugehörigkeit hinaus.

Auf der Grundlage von Dokumenten aus Staats- und Kommunalarchiven und einer Vielzahl mündlicher Quellen erzählt das Buch die ambivalente Geschichte von polnischen und polnisch-jüdischen Neusiedlern aus den an die Sowjetunion übereigneten östlichen Gebieten Polens, die sich nun im neuen Westteil des polnischen Staates »in fremden Häusern« wiederfanden. Das Nach- und Nebeneinander von Deutschen, die nach Westen flohen, von Polen, die gerade erst einen erzwungenen Bevölkerungsaustausch erlitten hatten, und von überlebenden polnischen Juden, die ohne ihren Willen zu Erben der altehrwürdigen, im Holocaust vernichteten deutsch-jüdischen Gemeinden wurden, stellt dieses Buch minutiös und mit den menschlichen Erfahrungen mitfühlend dar. »Ich empfand Mitleid gegenüber den armen Verbannten«, erinnert sich Dan Tsalka, »eine schreckliche Enttäuschung. Einsamkeit. Leere, die kindliche Unschärfe des Selbst.« In ihrem außergewöhnlichen Buch richtet Holzer-Kawałko den Blick auf ebenjenes Vakuum und verleiht ihm Worte.

Yfaat Weiss   Herbst 2025

Einführung:
Bei Fremden wohnen –
Mittel- und Osteuropa nach dem Krieg

Dieser Essay ist Gegenständen und ihrem Platz in der politisch-sozialen Wirklichkeit gewidmet. Gegenstände können aus verschiedenen Perspektiven betrachtet werden, hier soll jedoch die Betrachtung in einem besonderen historischen Kontext vorgeschlagen werden. Der Text beschreibt die Veränderungen der materiellen Umgebung von Menschen, die nach Kriegsende in den Jahren 1945 bis 1947 zwischen der Sowjetunion, Polen und Deutschland migrierten. Es geht um die Begegnung zwischen Polen und Juden in den östlichen, nun polnischen Gebieten des vormaligen Deutschen Reichs – und dies mit einem spezifischen Blick auf das von den vertriebenen Deutschen zurückgelassene Eigentum. Der Fokus liegt auf dem Einfluss von Residuen deutscher materieller Kultur auf den lokalen Integrationsprozess der Neusiedler in der sich gerade als homogener Nationalstaat konstituierenden Volksrepublik Polen.

Nach Kriegsende waren diese drei Phänomene – die Errichtung von Nationalstaaten, die Festlegung von Bevölkerungstransfers und die Umverteilung materieller (Kultur-)Güter – eng miteinander verknüpft, nicht nur in Polen, sondern auch in anderen mittel- und osteuropäischen Staaten, die von den in Teheran, Jalta und Potsdam beschlossenen Grenzverschiebungen betroffen waren. Trotz desaströser Erfahrungen mit der Vertreibung und Deportation ganzer Ethnien im Gefolge des Ersten und Zweiten Weltkriegs setzten die Alliierten nach 1945 wieder auf Umsiedlungen und Vertreibungen, um künftige ethnische Spannungen zu vermeiden und die neue geopolitische Realität zu zementieren. Diese neue Realität bestand in der klaren Abgrenzung von Ost und West als Einflusssphären zweier rivalisierender Großmächte und war besonders in Osteuropa von einer politischen Auffassung geprägt, die den Staat als Heimstätte jeweils einer ethnischen Gruppe favorisierte. Die Schaffung solcher Homogenität zwang Millionen, ihre Häuser zu verlassen; Migration und Verlust wurden prägende Merkmale dieser Region in den ersten Nachkriegsjahren.

Auswanderung, Umsiedlung und Vertreibung spielten im Europa des 20. Jahrhunderts eine bedeutende Rolle und sind für das Verständnis der geschichtlichen Entwicklung unverzichtbar. Ihr Einfluss auf die gegenwärtige Welt ist unverkennbar und wirkt mehrheitlich bis heute nach. Die wirtschaftlichen, politischen, gesellschaftlichen und kulturellen Folgen dieser Prozesse für einzelne Staaten wie für Europa insgesamt sind bereits umfänglich behandelt worden. Dagegen soll in der vorliegenden Arbeit der materielle Aspekt solcher erzwungenen Migrationsbewegungen im Zentrum stehen, die nicht nur die gesellschaftliche Struktur ganzer Bevölkerungen zerstörten, sondern diese aus ihrer angestammten materiellen Umgebung herausrissen und mit fremden Gütern und Kulturen konfrontierten. Einerseits soll untersucht werden, wie sich eine materielle Kultur verändert, wenn sie von den Menschen, die sie geschaffen haben, verlassen wird und in andere Hände übergeht; andererseits werden die Einflüsse materieller Kultur auf die Menschen, die sie empfangen, und auf deren Eingliederung in den fremden Raum untersucht. All das soll am polnischen Fall geprüft werden, der die geschilderten Phänomene exemplarisch zur Geltung bringt.

Nach dem Zweiten Weltkrieg verschoben sich aufgrund alliierter Abkommen die Grenzen des polnischen Staates erheblich. Dieser trat seine östlichen Gebiete an die Sowjetunion ab und erhielt im Gegenzug einen Teil der bisherigen deutschen Ostgebiete. Diese Westverschiebung führte zur zwangsweisen Umsiedlung von Polen aus dem »verlorenen Osten« in die neu gewonnenen Gebiete im Westen und zur Vertreibung der dort ansässigen deutschen Bevölkerung. Da diese Bewegungen nicht geordnet stattfanden, liegen genaue Zahlen dazu kaum vor. Schätzungen gehen jedoch davon aus, dass zwischen 1945 und 1947 etwa 3,5 Millionen Menschen nach Deutschland transferiert und durch ca. 3,1 Millionen Neusiedler ersetzt wurden, unter ihnen zwei besondere Gruppen, auf die sich die vorliegende Arbeit konzentriert: etwa 1,2 Millionen aus Ostpolen Vertriebene und ca. 100 000 Schoah-Überlebende, die sich während des Kriegs zumeist in der Sowjetunion aufgehalten hatten.[1] In der polnischen Staatspropaganda wurden diese Gruppen oft als »Repatrianten« bezeichnet, wodurch nicht unbedingt deren polnische Herkunft als vielmehr der Umstand betont werden sollte, dass die neuen Gebiete zum polnischen Staat gehörten. Aufgrund seiner ideologischen Färbung soll dieser Begriff jedoch hier nicht verwendet und stattdessen von »Neusiedlern« gesprochen werden. Von den vier neuen polnischen Provinzen Pomorze Zachodnie (Westpommern), Prusy Wschodnie (Ostpreußen), Śląsk Opolski (Oppelner Schlesien) und Dolny Śląsk (Niederschlesien) steht aus zwei Gründen nur Letztere im Blickfeld der vorliegenden Arbeit.

Erstens war Niederschlesien ausgesprochen reich an materiellen Zeugnissen deutscher Kultur und Industrie, die sich dort zweihundert Jahre lang unter preußischer Herrschaft entwickelt hatten. Die Region ging am Ende des Ersten Schlesischen Kriegs 1742 vom Habsburgerreich an Preußen über und blieb bis 1945 in deutscher Hand. Die tiefen Spuren dieser Epoche waren beim Eintreffen der Neusiedler noch auf markante Weise präsent, und dies sowohl im öffentlichen als auch im privaten Raum. Parallel zur Neuansiedlung dauerte die Vertreibung der lokalen deutschen Bevölkerung an, sodass für eine Weile Neusiedler und Deutsche also vielfach zusammen oder benachbart lebten. Dies wirkte sich, wie gezeigt werden wird, entscheidend auf das Verhältnis Ersterer zu ihrer neuen Umgebung aus.

Zweitens wurde Niederschlesien in diesen Jahren zu einer neuen Heimat überlebender polnischer Juden aus den nun sowjetischen Gebieten. Die jüdische Gemeinschaft in Schlesien war einzigartig in der Geschichte des polnischen Judentums und zugleich das größte jüdische Zentrum in Polen nach der Schoah. Dabei darf nicht außer Acht gelassen werden, dass diese Gemeinschaft auf den Trümmern der deutsch-jüdischen Gemeinde entstand, die bis zum Krieg in dieser Region existiert und dort ihre materiellen Spuren hinterlassen hatte. Nach 1945 erstarkten die neuen Gemeinden auf der Grundlage des deutsch-jüdischen Eigentums, das die Emigrierten, Geflüchteten und Ermordeten zurückgelassen hatten. Die eingehende Untersuchung des Übergangs deutsch-jüdischer Hinterlassenschaften an polnische Juden ist daher ein weiterer Beitrag zur materiellen Geschichte der Region, die auf neue Weise das Verhältnis zwischen den dort ursprünglich beheimateten deutsch-jüdischen Schoah-Überlebenden und jüdischen Neusiedlern beleuchtet.

Dieser Essay beginnt mit einer geschichtlichen Einführung, die die Bedeutung der vormals deutschen Gebiete für die Etablierung des kommunistischen Staates aufzeigen soll. Es werden die politischen Umstände der Westverschiebung Polens beschrieben und die materiellen Folgen der sich daraus ergebenden Vertreibung der lokalen deutschen Bevölkerung analysiert. In der ersten Zeit nach dem Krieg stellte das deutsche Eigentum nicht nur die Neusiedler, sondern auch polnische Behördenvertreter vor erhebliche Herausforderungen. Die staatlichen Stellen nahmen starken Einfluss auf die – polnische und jüdische – Neuansiedlung und somit auch auf den Status des deutschen Eigentums. Der Transfer von Polen in die neuen Gebiete sowie die propagandistischen Bemühungen, diese Region in ein ethnisch homogenes nationales Narrativ zu integrieren, stehen zusätzlich im Blickpunkt dieser Einführung, wobei besonders auf den zentralen Propagandagegenstand des deutschen Eigentums sowie auf das komplexe Verhältnis der jüdischen und nichtjüdischen

Neusiedler zu Niederschlesien und dessen deutschen materiellen Hinterlassenschaften eingegangen wird.

Das erste Hauptkapitel zeichnet die staatliche Politik gegenüber dem deutschen Eigentum im Rahmen der staatlichen Förderung des polnischen Siedlungswerks im Westen des Landes nach. Neben den legislativen Mitteln und deren praktischer Umsetzung durch die Kommunen werden die Maßnahmen behandelt, die getroffen wurden, um das kulturelle Antlitz der Westgebiete zu verändern. Unter Betonung des engen Zusammenhangs zwischen Eigentums- und Nationalitätsfragen in Niederschlesien werden Prozesse der Beschlagnahmung, Verstaatlichung und Vernichtung von deutschem Eigentum untersucht und deren gesellschaftliche Folgen skizziert. Das zweite Hauptkapitel befasst sich mit drei Mustern, die den Alltag der polnischen Neusiedler nach ihrer Ankunft in Niederschlesien prägten: der Weigerung, fremdes Grundeigentum zu übernehmen; Raub und Plünderung; dem Aufbau gemeinsamer Haushalte mit Deutschen vor deren Vertreibung. Sie spiegeln einerseits die verschiedenen Haltungen zum deutschen Eigentum und andererseits die Integrationsdynamik im Westen wider. Zudem legen sie die Wirkung des deutschen Eigentums auf die Entwicklung der Beziehungen zwischen den Neusiedlern und der deutschen Bevölkerung frei. Zur Vervollständigung dieses Bildes gibt das dritte und letzte Hauptkapitel schließlich Einblick in die Gruppe der jüdischen Neusiedler in Niederschlesien, denen das Eigentum der in der Schoah untergegangenen jüdischen Gemeinden zugeteilt wurde. Ihr Verhältnis zur deutsch-jüdischen Vergangenheit der Region wird auf zwei Ebenen untersucht: erstens anhand der Verbindungen, die sich zwischen ihnen und den wenigen zurückgekehrten deutschen Juden entwickelten, und zweitens am Beispiel der Büchersammlungen des Jüdisch-Theologischen Seminars in Breslau, die nach dem Krieg in der Region aufgefunden wurden und in die Obhut der Neusiedler gelangten.

Der vorliegende Band beleuchtet die Geschichte der polnischen und jüdischen Bewohner Niederschlesiens aus dem Blickwinkel materieller Aspekte neu. Auf eine lange Reihe von Ereignissen und Erscheinungen, die für unser Thema irrelevant sind, wird hingegen nicht eingegangen, so bedeutend sie für die allgemeine Geschichte der beiden Gruppen oder das Verständnis ihrer Interaktionen auch sein mögen. Unberücksichtigt bleiben daher etwa die Beziehungen zwischen den Vertretern des kommunistischen Regimes und den jüdischen Neusiedlern, die Aktivitäten zionistischer Organisationen in der Region oder der Pogrom von Kielce im Sommer 1946.

Die Arbeit beruht im Wesentlichen auf dem Studium dreier Gruppen von Primärquellen: Die Analyse der Politik des polnischen Staates im Umgang mit dem deutschen Eigentum stützt sich auf staatliche Dokumente, darunter Verordnungen und Gesetze der Jahre 1945 bis 1947, Reden und Erklärungen von Behördenvertretern, interne Aufzeichnungen staatlicher Stellen, die für die neuen Gebiete zuständig waren, sowie der lokalen Behörden in Niederschlesien. Die Mehrzahl dieser Dokumente liegt heute im Archiv für Neue Akten (Archiwum Akt Nowych) in Warschau und im Staatsarchiv in Wrocław (Archiwum Państwowe we Wrocławiu). Eine weitere Quelle für Dokumente war die Buchreihe *Niemcy w Polsce 1945–1950*, ins Deutsche übersetzt als *Die Deutschen östlich von Oder und Neiße 1945–1950*, die auf eine breite Auswahl von Archivquellen im Zusammenhang mit der Vertreibung und Aussiedlung von Deutschen nach dem Krieg zurückgreift, und hier insbesondere Band 4 zu Niederschlesien. Hinsichtlich der Erfahrungen der Neusiedler stützt sich die Arbeit vor allem auf Augenzeugenberichte: Erinnerungen, Tagebuchaufzeichnungen, Bücher und Interviews, die nach Kriegsende von verschiedenen Institutionen und Organisationen in Polen und anderen Staaten veröffentlicht oder gesammelt wurden. Darunter finden sich mehrere Tagebücher, die anlässlich eines 1956 ausgerichteten Wettbewerbs der

Forschungseinrichtung Instytut Zachodni (Westinstitut) in Poznań eingereicht wurden. Das 1945 gegründete Institut forschte besonders zu den sogenannten Wiedergewonnenen Gebieten und allgemein zum deutsch-polnischen Verhältnis. In der kommunistischen Epoche stand sein Wirken ganz im Geiste der staatlichen Propaganda. In diesem Ton waren auch die meisten Tagebücher verfasst. Deshalb wurden für das vorliegende Buch neben solchen Materialien auch Zeitzeugenberichte berücksichtigt, die nach 1989 entstanden sind. Letztere sind mehrheitlich als Gegengewicht des vom kommunistischen Staat geförderten Narrativs zu werten, das die seinen Interessen zuwiderlaufenden Phänomene und Ereignisse – etwa die Umstände der Vertreibungen aus dem Osten oder die deutsche Präsenz im Westen – unterschlug. Nach dem Zerfall des Ostblocks und dem tiefen Transformationsprozess in Osteuropa gründeten sich in Polen zahlreiche private und institutionelle Initiativen für ein anderes Gedenken, das die vom kommunistischen Narrativ verschwiegenen Aspekte hervorhob. Diese Zeitzeugenberichte sind ebenfalls subjektiv und nicht frei von Unzulänglichkeiten und Irrtümern, bieten jedoch Einblicke in die Auseinandersetzung der Neusiedler mit der neuen materiellen Umgebung, die in den älteren Dokumentationen fast keinen Ausdruck findet. Die Spurensuche zur jüdischen Gemeinde in Niederschlesien und schließlich die Untersuchung des Verhältnisses der jüdischen Neusiedler zum deutsch-jüdischen Erbe beruhen in erster Linie auf Gemeindeaufzeichnungen, die heute in vier verschiedenen Archiven aufbewahrt werden: im Archiv des Jüdischen Historischen Instituts (Żydowski Instytut Historyczny) in Warschau, im Archiv des Tadeusz-Taube-Lehrstuhls für Judaistik in Wrocław (Katedra Judaistyki im. Tadeusza Taubego), im Staatsarchiv in Wrocław und in der National Library of Israel in Jerusalem. Zudem stützt sich dieser Essay auf die Erinnerungen von jüdischen Neusiedlern und von Juden schlesischer Herkunft sowie auf einige in den letzten Jahren veröffentlichte Forschungsarbeiten zur Erneuerung des jüdischen Lebens in Westpolen nach der Schoah. Durch die Verknüpfung der vorgenannten drei Quellenarten versucht die vorliegende Arbeit, weniger bekannte, wichtige Aspekte der Geschichte des materiellen Erbes in Niederschlesien nach 1945 aufzuzeigen.

Schlesien, fremdes Land: Grenzziehungen und Völkervertreibungen

1945 war für Polen ein Jahr voller umwälzender Ereignisse. Fast sechs lange Jahre Besatzung durch Nazideutschland waren endlich zu Ende, hinterließen jedoch tiefe Spuren. Polen wurde in der Kriegszeit in jeder Hinsicht schwer getroffen: politisch, gesellschaftlich und wirtschaftlich. Die Infrastruktur des Landes und die Industrie waren zerstört, die Grenzen im Osten und im Westen grundlegend instabil, Unzählige in andere Länder geflüchtet. Hunderttausende waren in ferne Regionen der Sowjetunion deportiert, sechs Millionen Bürger (darunter drei Millionen Juden) ermordet worden. Die politische Zukunft des Landes war ungewiss. Im Vereinigten Königreich wirkte noch die polnische Exilregierung (Rząd Rzeczypospolitej Polskiej na uchodźstwie), die sich nach Kriegsausbruch konstituiert hatte und international – mit Ausnahme von Deutschland und seinen Verbündeten sowie der Sowjetunion – anerkannt wurde. Demgegenüber war in Ostpolen inzwischen durch die Initiative kommunistischer Kreise eine konkurrierende Regierung entstanden. Im Juli 1944 wurde in Zusammenarbeit mit Stalin, dem Zentralbüro der Kommunisten Polens in der Sowjetunion (Centralne Biuro Komunistów Polski w ZSRR) und dem Landesnationalrat (Krajowa Rada Narodowa), einer Art Parlament der Polnischen Arbeiterpartei (Polska Partia Robotnicza, PPR), ein neues Gremium gegründet: das Polnische Komitee der Nationalen Befreiung (Polski Komitet Wyzwolenia Narodowego, PKWN), das anstelle der Exilkreise die neue polnische Regierung bilden sollte. Im Dezember desselben Jahres wurde das Komitee durch die von der Sowjetunion unterstützte und überwachte Provisorische Regierung der Republik Polen (Rząd Tymczasowy Rzeczypospolitej Polskiej) mit

Sitz im nun ostpolnischen Lublin ersetzt. Die beiden Regierungen – jene in London und die in Lublin – hatten sehr unterschiedliche Auffassungen zur Positionierung Polens innerhalb der Nachkriegsordnung und meldeten jeweils einen Alleinvertretungsanspruch an.

Zu den wichtigsten Differenzen zwischen den konkurrierenden Regierungen gehörte der Standpunkt zum Verlauf der künftigen Staatsgrenzen. Die Exilregierung forderte in erster Linie, die östlichen Provinzen einschließlich jener, die zwischen 1939 und 1945 von der Sowjetunion annektiert worden waren (Kresy Wschodnie, »Östliches Grenzland«), bei Polen zu belassen. Die Westerweiterung Polens strebten die meisten Vertreter der Exilregierung dagegen nicht an. Diese Haltung äußerte sich etwa im Geheimbericht *Anmerkungen zur Außenpolitik*, der wahrscheinlich Anfang 1945 von der außenpolitischen Abteilung der polnischen Exilregierung als Positionspapier über die Rückkehr Polens in die Staatengemeinschaft verfasst wurde. Das Dokument reflektiert die tiefe Überzeugung, dass die Übertragung größerer Gebiete des östlichen Deutschlands an Polen äußerst geringe Erfolgschancen habe und Nährboden späterer Konflikte sein könne. Der Bericht nimmt zu den Territorialforderungen im Westen klar Stellung:

»Was unsere zukünftige Westgrenze anbelangt, ist die öffentliche Meinung in Polen der Ansicht, dass sie möglichst kurz und beständig sein soll. Eine weitere Ausdehnung gegen Westen und die Eingliederung einer fremden Bevölkerung [...] liegen nicht im Interesse unseres Volkes und unseres Staates. Wir wollen die Provinz Oberschlesien sowie einige Anpassungen und Erweiterungen, insbesondere in Küstennähe. Zusätzlich wäre es vielleicht gut, eine Insel in der Ostsee zu erhalten. Zweifellos gehören Gdańsk [Danzig] und Ostpreußen uns. Das ist alles.«[1]

Im Gegensatz dazu unterstützte die Provisorische Regierung den Vorschlag der Sowjetunion zum künftigen Grenzverlauf zwischen beiden Staaten entlang der sogenannten Curzon-Linie, wonach die meisten Gebiete, die 1939 von der Sowjetunion besetzt worden waren, einschließlich Wilno und Lwów (heute Lviv, Ukraine) in sowjetischer Hand verbleiben sollten. Im Einklang mit den Vereinbarungen der Teheraner Konferenz von 1943, die die Eingliederung des Gebiets östlich der Curzon-Linie in die Sowjetunion vorsahen, würde Polen demnach wohl das östliche Grenzland verlieren, im Gegenzug jedoch Teile Ostpreußens und deutsche Gebiete östlich der Oder erhalten. Um die Grenzziehung entbrannte bald ein heftiger Streit. Auf den verschiedenen Konferenzen der Alliierten war sie weit mehr als eine technische Frage, für die konkurrierenden polnischen Regierungen hatte sie über die Innenpolitik hinaus größte internationale Bedeutung. Die Grenzen des polnischen Staates waren direkt mit der Aufteilung von Einflusssphären der Sowjetunion und der übrigen Alliierten verbunden.

Trotz Widerstands der polnischen Exilregierung wurde die Curzon-Linie auf der Konferenz von Jalta im Februar 1945 als neue Grenze zwischen Polen und der Sowjetunion festgelegt. Damit büßten die polnischen Exilkreise faktisch die internationale Unterstützung ein. Einige Monate später wurde der polnischen Exilregierung auch offiziell die Anerkennung entzogen: Die Vereinigten Staaten und Großbritannien betrauten die im Juni 1945 vom Landesnationalrat gegründete Provisorische Regierung der Nationalen Einheit (Tymczasowy Rząd Jedności Narodowej) mit der Umsetzung der Beschlüsse von Jalta, darunter die Evakuierung der polnischen Bevölkerung aus nun sowjetischen Gebieten. Im Juli 1945 vereinbarten Polen und die Sowjetunion außerdem, dass sämtliche polnische Staatsbürger, auch die jüdisch-polnischen, die sich zu jener Zeit auf sowjetischem Territorium aufhielten, gemäß der neuen Grenzen nach Polen umsiedeln könnten. Im selben Sommer wurde auf der Potsdamer Konferenz auch offiziell über die Übertragung ostdeutscher Gebiete an Polen entschieden, sodass sich Niederschlesien mit seinen deutschen Bewohnern nun innerhalb der neuen polnischen Staatsgrenzen befand. Gleichzeitig wurde ein »geordneter humaner« Transfer von Deutschen aus polnischen Gebieten, der Tschechoslowakei und Ungarn beschlossen.

Doch die Bevölkerungsverschiebung begann schon vor den offiziellen Grenzziehungen und weiteren alliierten Abkommen über den Transfer der deutschen Bevölkerung in die einzelnen Besatzungszonen Deutschlands, die erst 1946 getroffen wurden, mit eigenen Vertreibungsaktionen der Roten und der polnischen Armee. Aufgrund der Häufung von Morden, Vergewaltigungen und Plünderungen in Gebieten, in die das Militär vorgedrungen war, flüchteten viele Deutsche westwärts über die Neiße. Angesichts der Gewalt der vorrückenden Soldaten wird die erste Hälfte des Jahres 1945 als Zeit der »wilden Vertreibungen« bezeichnet. Das damalige Verhältnis zur deutschen Bevölkerung kommt im Befehl eines Kommandeurs der polnischen Armee an seine Soldaten in Niederschlesien zum Ausdruck:

»Mit den Deutschen verfahren wir, wie sie es mit uns getan haben. Viele haben schon vergessen, wie sie unsere Kinder, Frauen und Alten behandelt haben. [...] Man muß seine Aufgaben [die Vertreibung] auf so harte und entschiedene Weise ausführen, daß sich das germanische Ungeziefer nicht in den Häusern versteckt, sondern von selbst vor uns fliehen wird und [...] Gott für die glückliche Rettung seines Kopfes danken wird.«[2]

Die Phase der »wilden Vertreibungen« war besonders dramatisch, doch blieb deren Umfang beschränkt. Von den drei Millionen Deutschen verließen bis Ende 1945 nur etwa 400 000 die polnischen Westgebiete.[3] Die Gewalttaten der Soldaten verfehlten nicht nur den vom polnischen Staat gewünschten Effekt, sie richteten in der Region auch großen Schaden an. Im Juli 1945 wurde dieses Vorgehen deshalb – mit Ausnahme einzelner Zurückweisungen von Deutschen, die in den letzten Kriegswochen vor Bombardierungen aus Deutschland nach Polen geflohen waren – endgültig unterbunden. Die zahlenmäßige Bedeutung der deutschen Bevölkerung zeigte sich bei der ersten Volkszählung in Wrocław etwa einen Monat nach dem Krieg. Demnach lebten 189 000 Deutsche und zwischen 16 000 und 17 000 Polen in der Stadt.[4] Zum Übergewicht von Deutschen in Niederschlesien erstattete die Staatskontrollstelle beim Präsidium des Landesnationalrats (Biuro Kontroli przy Prezydium Krajowej Rady Narodowej) im September 1945 folgenden Bericht:

»Der Bevölkerungsstand stellt sich katastrophal dar; [...] im allgemeinen beträgt der Anteil der Polen im Verhältnis zu den Deutschen in den Städten rund 1 % und auf dem Land 10 %. Es gibt Ortschaften, wo es außer den Beamten und der Bürgermiliz keine Polen gibt – nur mehrere zehntausend Deutsche.«[5]

Der offizielle Bevölkerungstransfer begann im Februar 1946, als Umsiedlungen in die britisch besetzte Zone Deutschlands möglich wurden, und er beschleunigte sich im Mai desselben Jahres deutlich, als auch die sowjetische Besatzungszone dafür zur Verfügung stand. Doch inzwischen zeigten sich neue Hindernisse. Manche von der polnischen Regierung eingesetzten Lokalbehörden verzögerten die Aussiedlungstransporte per Zug absichtlich, um die Abwanderung von billigen Arbeitskräften wie auch von qualifizierten Fachkräften zu stoppen, die für den Wiederaufbau der regionalen Industrie dringend benötigt wurden. Zusätzlich wurde die Aussiedlung durch Machtkämpfe zwischen polnischen Verwaltungsbeamten und dem sowjetischen Militär behindert, das sich noch in den neuen polnischen Gebieten aufhielt und zuweilen die deutschen Bewohner dazu benutzte, die Autorität des polnischen Staates zu untergraben. Ein Bericht vom Juni 1946 schildert den gescheiterten Versuch, Deutsche aus dem Wrocławer Stadtteil Leśnica (Lissa) auszusiedeln:

»Die sowjetischen Soldaten erlaubten nicht, dass man die Deutschen aus ihren Wohnungen entfernt, indem sie darauf verwiesen, das seien ihre Bekannten, und sie würden für sie arbeiten. Es kam daraufhin zu Zwischenfällen mit den Sowjets, die es gegenüber polnischen Soldaten und Offizieren sogar zu tätlichen Beleidigungen kommen ließen. Es fielen sogar Schüsse, und ein Mitglied der Aussiedlungskommission wurde verletzt. Als der Zug am Bahnhof stand, kam es erneut zu Zusammenstößen, bei denen ein Begleitoffizier des Konvois verletzt wurde. [...] Es ist zu betonen, dass diese Gewalttaten nicht von irgendwelchen Marodeuren verübt werden, sondern einfach von den in Leśnica [Deutsch-Lissa] stationierten Soldaten.«[6]

Aufgrund dieser Schwierigkeiten fanden die letzten Bevölkerungstransfers aus Westpolen erst 1947 statt. Gemäß internationaler Abkommen wurden diese von polnischen und alliierten Soldaten überwacht, deren gemeinsame Aufgabe es war, die korrekte Durchführung sicherzustellen. Dennoch gestaltete sich die Vertreibung chaotisch. Aussiedlungsbescheide wurden sehr kurzfristig zugestellt, was mangels Vorbereitungszeit oft zum fast völligen Verlust des Eigentums führte. Zusätzlich beschränkten die polnischen Behörden das erlaubte Transfergut auf persönliche Gegenstände von geringem Wert; wertvoller Familienbesitz oder Lebensersparnisse wurden ihren Besitzern abgenommen. Offizielle Verlautbarungen hierzu klangen etwa so:

»Die Teilnehmer der Fahrt dürfen mitnehmen außer der Bekleidung, die sie selbst tragen[,] auch Gepäckstücke, die jeder persönlich tragen kann, wobei Lebensmittel inbegriffen sind. Da Lebensmittel unterwegs nicht zu haben sein dürften, wird empfohlen, sich auf ungefähr 14 Tage mit Proviant einzudecken. [...] Schmuck und Wertgegenstände normalen eigenen Bedarfs, Urkunden und eigene Dokumente sowie deutsches Papiergeld dürfen mitgenommen werden. Dagegen sind von der Mitnahme ausgeschlossen: andere Valuten, Wertpapiere und Kunstgegenstände.«[7]

Die Nachrichten über die Bevölkerungstransfers zogen viele Menschen in die polnischen Westgebiete und nach Niederschlesien, die eine Gelegenheit suchten, sich auf Kosten der deutschen Bevölkerung zu bereichern, denn die zur Vertreibung bestimmten Deutschen waren für Betrüger und Kriminelle aller Art oft eine leichte Beute. Die Folge war ein Anstieg der Kriminalität, unter dem schließlich die ganze Bevölkerung in der Region litt. Von persönlichem Leid abgesehen, verschlimmerten die Vertreibungen die kriegsbedingten materiellen Schäden noch zusätzlich. Besonders um die in den letzten Kriegsmonaten zu Festungen erklärten und belagerten Städte Breslau und Glogau (Głogów) war die Zerstörung besonders verheerend. Doch auch in Dörfern und Kleinstädten weitab der Kampfzone hinterließen die Kriegsjahre tiefe Spuren. Zerstörung und Verarmung wurden von Kriminellen und Armeeangehörigen beschleunigt, die nach der Westverschiebung Polens plünderten, was dort nach den Kämpfen noch übrig geblieben war. Der Minister für Industrie der Provisorischen Regierung der Nationalen Einheit, Hilary Minc, berichtete, die Industrieproduktion habe sich durch die Aktivitäten der Roten Armee in den Westgebieten um 25 Prozent verringert. Dieser Bericht gab die tatsächlichen Verhältnisse jedoch möglicherweise nicht korrekt wieder; zudem ließ er Schäden durch Plünderung seitens polnischer und sowjetischer Soldaten unerwähnt. Der Neusiedler Bronisław Kowacz aus Stanisławów, der Mitte 1945 im nördlichen Teil der neuen Gebiete ankam, schilderte die Zerstörung deutschen Eigentums bei der Befreiung so:

»Szczecinek [Neustettin] wurde nicht durch den Krieg zerstört, sondern durch noch einige wenige Plündererbanden, die in der Stadt umherstreiften. Alles, was nicht auf dem Rücken abtransportiert oder in einen Sack gesteckt werden konnte, hieß es zu zerstören, zu zerbrechen, zu verbrennen – ›weil ehemals deutsch‹. Die erste Geige spielten die Sowjets, jede Tür öffneten sie mit einem Fußtritt oder einer Salve aus der Maschinenpistole.«[8]

Ein ähnliches Bild zeichnet der Zeitzeugenbericht des in Lwów geborenen und aus Kołomyja (heute Kolomija, Ukraine) stammenden Tadeusz Brzeziński, der unmittelbar nach der deutschen Kapitulation in einer Kleinstadt an der früheren deutsch-polnischen Grenze eintraf:

»Hier in Krzyż [Kreuz] war die Zerstörung deutlich zu sehen, aber sie war nicht vom Krieg verursacht, sondern von den Plünderungen [und den Aktivitäten der russischen Soldaten], die dieses Gebiet wie deutsches Gebiet behandelten. [...] [K]einer von ihnen dachte, dass diese Region zu verschonen sei, weil sie an [Polen], sozusagen an Verbündete, überging. Im Gegenteil, sie beschossen den Kirchturm [...] und steckten das Stadtzentrum in Brand, [...] obwohl es keinen Widerstand gab. Die Deutschen hatten sich sofort ergeben. [...] Sie haben einfach alles absichtlich zerstört.«[9]

Die Plünderungen waren bereits ein nicht zu unterschätzendes Problem des Transferprozesses und sollten sich innerhalb weniger Monate in der ganzen Region zu einer wahren Plage ausweiten. Die lokalen Behörden und Sicherheitskräfte hatten Mühe, sie mit Warnungen und Drohungen unter Kontrolle zu bringen: »Jede Beschädigung wie auch Vernichtung der zurückgelassenen Gegenstände und Wohnungen sowie auch nur der Versuch wird standrechtlich bestraft«,[10] kündigte etwa der Regierungsvertreter für Niederschlesien, Stanisław Jurzyk, an. Trotz dieser Anstrengungen berichtete das Ministerium für die Wiedergewonnenen Gebiete (Ministerstwo Ziem Odzyskanych) über den Verlust von 73,1 Prozent der Industrie, 45 Prozent der Wohnflächen, 77 Prozent der Eisenbahnstrecken, 70 Prozent der Brücken und 25 Prozent der Straßen. Die Einbuße von landwirtschaftlichen Betrieben wurde auf 27,5 Prozent beziffert.[11] Die Entschlossenheit polnischer Regierungsvertreter, deutsches Eigentum zu schützen, ist nicht nur im Zusammenhang mit der Aufrechterhaltung des staatlichen Gewaltmonopols zu sehen, sondern auch vor dem Hintergrund des umfassenden materiellen Bedarfs der aus den östlichen Territorien umgesiedelten Polen sowie des gesamten Landes nach dem Krieg. Das deutsche Eigentum erfüllte eine wichtige Funktion bei der Neubesiedlung der Westgebiete, besonders bei dem innenpolitischen Versuch, das Projekt für Neusiedler und in den Augen der breiten Öffentlichkeit attraktiv erscheinen zu lassen.

Die Verantwortung hierfür lag beim Informations- und Propagandaministerium (Ministerstwo Informacji i Propagandy), das von der Provisorischen Regierung bereits Anfang 1945 eingerichtet wurde und bis April 1947 sämtliche staatlichen Tätigkeiten in dem Bereich steuerte, insbesondere eine Rechtfertigung der Westverschiebung Polens. Das vom Ministerium zu diesem Zweck entworfene politische Narrativ beruhte größtenteils auf der historischen Sichtweise, die Region sei als historisches Territorium der Piasten, die zwischen 960 und 1370 herrschten, integraler Teil Polens. Demnach seien die westlichen Gebiete Polens erst später vom deutschen »Feind« besetzt worden. Anhänger dieser Auffassung, die in verschiedenen Ausformungen in den zahlreichen Propagandaorganen verbreitet wurde, betonten die polnischen und manchmal auch slawischen Wurzeln der neuen Gebiete, die durch gewaltsame deutsche Akkulturationsprozesse abgerissen worden seien. Aus dieser Perspektive, die auf anachronistische Weise die von nationalistischen polnischen Kreisen in der Zwischenkriegszeit entwickelten nationalen Kategorien in die Frühzeit polnischer Geschichte hineinprojizierte, endete der jahrhundertelange Kampf zwischen Deutschen und Polen um die »weggenommenen Gebiete« erst 1945 mit der Rückgabe dieser Gebiete an ihre rechtmäßigen Besitzer.

Die Sichtweise verankerte sich fest in der Sprache des Diskurses über die Westgebiete: »Wiedergewonnene Gebiete« (*Ziemie Odzyskane*), »weggenommene polnische Gebiete«, »alte Gebiete der Piasten« oder das »polnische Grenzland im Westen«. Diese Bezeichnungen erfuhren rasch politische Legitimierung, als im November 1945 das Ministerium für die Wiedergewonnenen Gebiete errichtet wurde, dem fortan sämtliche Angelegenheiten im Zusammenhang mit der Festigung der polnischen Herrschaft und der Neubesiedlung der Westgebiete oblagen. Neben der propagandistisch erwünschten Darstellung der Grenzverschiebungen diente dieser Diskurs dazu, die polnische Bevölkerung darauf einzustimmen, sich in den neuen, noch mehrheitlich von Deutschen bewohnten Gebieten niederzulassen. Deshalb wurde der Westen nicht nur zum Symbol glanzvoller polnischer Vergangenheit, sondern auch zum – reichen und entwickelten – verheißenen Land der Gegenwart verklärt. Diese beiden Grundsätze kamen etwa in einem Aufruf des Zentralen Umsiedlungskomitees (Centralny Komitet Przesiedleńczy) an die polnische Bevölkerung im Mai 1945 zum Ausdruck:

> »Landsmänner! […] Die Macht des Dritten Reichs liegt in Trümmern. Die Gebiete, die von Kreuzfahrern, von Bismarck und seinesgleichen und von Hitler gestohlen wurden, kehren ins Vaterland zurück. Der Besatzer ist panisch geflohen und hat Dörfer und Städte, Höfe und Fabriken, bestellte Felder, bewirtschaftete Seen und Gärten zurückgelassen. Diese entvölkerten Territorien warten auf uns […]. Landsmänner! Auf in den Westen!«[12]

Die staatliche Propaganda zu den Wiedergewonnenen Gebieten richtete sich hauptsächlich an die Bewohner der ehemaligen ostpolnischen Gebiete. Bereits in der ersten Jahreshälfte 1945 wurden dort in mehreren Orten Plakate aufgehängt, die zur Übersiedlung in die neuen Gebiete aufriefen. In diesen von patriotischem Pathos durchdrungenen Aufrufen war von nicht weniger als einer Rückkehr in die Heimat die Rede: »Polnische Soldaten haben für die Befreiung der polnischen Gebiete mit ihrem Blut bezahlt«; »Auf zur Oder! Zum Land unserer Vorväter und Wohlstand!«[13] Auffällig ist jedoch, dass trotz der Betonung polnischer Zugehörigkeit gerade das deutsche Eigentum der Region häufig als Hauptanreiz für eine Übersiedlung hervorgehoben wurde. In einem Artikel der Zeitung *Czerwony Sztandar* (Rotes Banner) aus Lwów vom Juli 1945 gehen beide Argumente Hand in Hand:

> »Die riesigen Gebiete des polnischen Schlesiens, wo es tausende wunderschöner Bauernhöfe gibt, unterschiedliche kleine und große Fabriken, Mühlen, Brennereien, Zuckerfabriken, Sägewerke usw., sie warten frei, geduldig darauf, von uns übernommen zu werden. Überall sind hier große Höfe zu sehen, überall gemauerte Gebäude, überall elektrisches Licht. Bei den Höfen Obst- und Gemüsegärten, die auf den neuen Hausherrn warten. In den verlassenen Höfen sehen wir fast überall zahlreiches totes Inventar in hervorragendem Zustand, also: Mähmaschinen, Dreschmaschinen, Häckselmaschinen, Kartoffeldämpfer, Sämaschinen, Mühlen und andere Werkzeuge und Geräte für Landwirtschaft, Gartenbau und Imkerei. Fast auf jedem Hof befinden sich mustergültige Pferde-, Kuh- und Schweineställe, Mistgruben und Brunnen.«[14]

Obwohl der Transfer als freiwillig dargestellt wurde, erwarteten sowohl die sowjetischen als auch die polnischen Behörden, dass die im Osten ansässigen Personen mit polnischer Staatsbürgerschaft dem Aufruf folgten. Diese Erwartung wurde weitgehend erfüllt, oft auch aufgrund von Zwangsmaßnahmen der sowjetischen Sicherheitsorgane. Wer trotzdem blieb, musste die polnische Staatsbürgerschaft aufgeben und die sowjetische annehmen. Die Nachricht über den Transfer löste unter den polnischen Bürgern, die sich bei Kriegsende in der Sowjetunion aufhielten, unterschiedliche Reaktionen aus. Nicht wenige Polen, die ab 1939 in die Sowjetunion deportiert und lange Zeit in Zwangsarbeitslagern gefangen gehalten worden waren, freuten sich über die Wiedererlangung ihrer Freiheit, wobei die meisten von ihnen damals keine genaue Kenntnis von der Verschiebung der Grenzen Polens aufgrund alliierter Abkommen gehabt haben dürften. Der Großteil der Bewohner ehemaliger polnischer Gebiete im Osten wollte die Heimat jedoch nicht verlassen und stand dem Bevölkerungstransfer misstrauisch gegenüber. Während offiziell von einer Rückkehr in die Heimat (Repatriierung) gesprochen wurde, begriffen sie die Umsiedlung als Gang vom Land der Vorväter in die Fremde. Einige versuchten, sich dem zu entziehen, wie etwa Józef Gulewicz aus Dawidów in der Provinz Lwów über seinen Vater berichtet:

> »Vater blätterte unaufhörlich im Atlas und versuchte zu begreifen, wo die Curzon-Linie verläuft, von der alle reden. [...] Mal hatte er gehört, dass die neue Grenze am Bug entlang, nicht weit östlich von unserem Ort, verläuft. Seitdem glaubte er, dass wir bleiben können, und bemühte sich sehr, dass wir fürs Erste nicht transferiert werden. Es gelang ihm, uns bis zu den letzten Transporten hier zu behalten.«[15]

Der Transfer begann bereits 1944, erreichte zwischen Frühjahr 1945 und Sommer 1946 seine Hochphase und betraf rund 618 200 polnische Staatsbürger aus Ostgalizien, 133 900 aus der Region Wolhynien, mehr als 225 000 aus den westlichen Gebieten von Belarus, etwa 150 000 aus Litauen und 6 000 aus der nördlichen Bukowina.[16] Schätzungen zufolge verließen insgesamt 1,8 Millionen Menschen das östliche Grenzland. Die Zahl schließt individuelle Emigrations- und Fluchtbewegungen mit ein, deren Umfang auf 600 000 Personen beziffert wird.[17] Der größte Teil dieser Migranten ließ sich in den neuen polnischen Westgebieten nieder, für Niederschlesien betraf das vor allem solche aus Galizien und Wolhynien sowie kleinere Gruppen aus Belarus und Litauen.

Unter den Migranten waren über 136 000 Juden mit polnischem Pass, die den Krieg in der Sowjetunion überlebt hatten. Es gibt für die unmittelbare Nachkriegszeit keine belastbaren Daten über die Zahl jüdischer Bewohner in den westlichen Gebieten – wegen der stark abweichenden Datenerfassung verschiedener Stellen, aber auch aufgrund großer allgemeiner Bevölkerungsbewegungen, die eine verlässliche Zählung erschweren. Beruft man sich auf die offiziellen Volkszählungen, kann festgestellt werden, dass von 192 000 Juden, die 1946 von den Behörden erfasst wurden, rund 90 000 als Bewohner Niederschlesiens gemeldet waren.[18] Die willkürliche Zuteilung der neuen Wohnorte an jüdische Neusiedler zeigt sich exemplarisch in der Geschichte von Chaim Ejnesman, der den Krieg in Sibirien überlebt hatte und sich danach in einem Zug nach Wałbrzych (Waldenburg) wiederfand:

> »Nicht ich habe es mir ausgesucht, nach Wałbrzych zu fahren. Sie [das Repatriierungskomitee] haben für mich entschieden. Sie haben Leute nach Wrocław oder Wałbrzych geschickt, [...] weil die Stadt leer war, die Deutschen hatten sie verlassen. [...] Ich wollte nach Łódź, doch es gab dort keine freien Wohnungen, es gab dort nichts. ›Was wollen Sie in der Stadt machen‹, wurde ich gefragt. [...] So begann ich also ein neues Leben ausgerechnet in Wałbrzych.«[19]

Um breite Unterstützung für die Westverschiebung Polens zu suggerieren und damit nicht nur den äußeren und inneren Widerstand dagegen zum Schweigen zu bringen, sondern auch die kommunistische Regierung gesellschaftlich zu legitimieren, wurde am 30. Juni 1946 ein Referendum durchgeführt, bei dem drei Regierungsentscheidungen zur Abstimmung kamen, nämlich über die Abschaffung des Senats – der zweiten Kammer des Parlaments –, die Verstaatlichung der Hauptwirtschaftszweige und die Festlegung der Oder-Neiße-

Linie als neue Westgrenze. Den – sämtlich gefälschten – offiziellen Resultaten zufolge wurde der Beschluss über den Verlauf der neuen Grenze mit 91,4 Prozent der Stimmen angenommen. Die große Bedeutung der Westgebiete bezeugt die Tatsache, dass der Zustimmungswert hierfür deutlich höher angesetzt wurde als für die übrigen (Abschaffung des Senats: 68,2 Prozent; Verstaatlichungen: 77,3 Prozent). Nach Bekanntgabe der Resultate erklärte der damalige Minister für die Wiedergewonnenen Gebiete, Władysław Gomułka, anlässlich einer Sitzung des Politbüros nicht nur einen deutlichen Sieg, sondern auch die Notwendigkeit, die Propagandatätigkeit zu verstärken. Tatsächlich hatte der harte Kampf um die »Wiedergewinnung« der Westgebiete erst damit begonnen, denn obwohl die Grenzverschiebungen auf politischer Ebene nun bestätigt waren, hob sich Schlesien durch seine dichte Bevölkerung und den Reichtum an deutschen Kulturgütern weiterhin stark vom Rest des Landes ab und blieb fremd geprägtes Gebiet. Die folgenden Kapitel blicken auf die reale Begegnung von drei Akteuren – Landesbehörden, polnische und jüdische Neusiedler – mit der Region. Von der Komplexität dieser Begegnung zeugt exemplarisch die Geschichte Michał Sobków's, der im Oktober 1945 in Niederschlesien ankam:

> »Bei einem Halt fiel mir ein übermalter, aber lesbarer deutscher Ortsname auf dem Bahnhofsgebäude auf. Ich kletterte rasch aus dem Zug, sprang über ein paar Gleise und eilte auf einen Wachmann mit Maschinenpistole über der Schulter zu.
> ›Wo sind wir?‹, fragte ich aus der Distanz.
> ›In den Wiedergewonnenen Gebieten!‹
> Ich war nun genauso schlau wie vorher, denn ein solches Land kannte ich nicht und bis jetzt war es niemandem in den Sinn gekommen, nach dem endgültigen Ziel unserer Reise zu fragen. Jeder wusste, dass er nach Polen fährt, und das war es.

›Sie wissen nicht zufällig, wo wir hinfahren?‹

›In die Wiedergewonnenen Gebiete‹, antwortete er mit einem Lächeln.

Ich kehrte also in den Zug zurück und verkündete laut, dass man uns nach Deutschland bringe, da mir der Name ›Wiedergewonnene Gebiete‹ nichts sagte.«[20]

Enteignung und »Degermanisierung«: Das deutsche Eigentum in der Politik der kommunistischen Regierung

> »[M]an darf nicht vergessen, wie wichtig die Bindung einer Person zu dem von ihr bewohnten Gebiet ist, wenn sie dort Immobilien besitzt. Der Staat beabsichtigt daher, die Ansiedlung in den Wiedergewonnenen Gebieten so weit wie möglich auf die Menschen zu stützen, die dort Grundbesitz erhalten werden, sei es ein Stück Land, [...] ein kleines Haus, eine Wohnung oder eine Werkstatt [...].«
>
> *Jan Nagórski* (1946)[1]

Nach der Westverschiebung Polens 1945 steckte sich die polnische Regierung zwei Hauptziele: die rasche Besiedlung der Region mit polnischen Bürgern und die Übertragung des deutschen Eigentums an sie. Dem deutschen Eigentum kam dabei eine Schlüsselrolle zu, nicht nur in der Propaganda, sondern auch im Wiederaufbau der Region und ihrer Eingliederung in den Gesamtstaat. Das zurückgebliebene Eigentum der Vertriebenen sollte den Neusiedlern beim Aufbau helfen, sie dazu ermutigen, sich im Westen niederzulassen, und sie mit der neuen Heimat verbinden. Doch die Übertragung der Eigentumsrechte am deutschen Vermögen war mit erheblichen Herausforderungen verbunden.

Deutsches Eigentum und polnische Nationalität: Die Verteilung deutschen Grundeigentums und die Verfahren zur Nationalitätsprüfung

Die Regelung des juristischen Status deutschen Eigentums gehörte zu den ersten Themen, die die polnische Regierung nach dem Krieg behandelte. Die Dringlichkeit resultierte aus der Bedeutung dieser Problematik für die drei Hauptschwerpunkte ihrer Politik: die Besiedlung der Westgebiete, die Verstaatlichung der Industrie sowie eine Agrar- und Grundbesitzreform. Diese frühen Debatten zeigten bald konkrete Ergebnisse in Form von Gesetzesänderungen und neuen Gesetzen, die das polnische Parlament in den Jahren 1945 bis 1947 verabschiedete. Darauf beruhende Verordnungen bereiteten der schrittweisen und systematischen Verstaatlichung des ehemals deutschen – öffentlichen und privaten – Eigentums in den neuen polnischen Gebieten den Boden. Die Maßnahmen betrafen nicht nur deutsches, sondern auch erbenloses Eigentum und solches von Kollaborateuren oder Kriegsopfern, doch da die Deutschen besonders viel Besitz zurückließen, kam diesem in den Westgebieten besondere Bedeutung zu.

Die ersten Beschlüsse zum Umgang mit deutschem Besitz in Polen wurden zwischen den Konferenzen von Jalta und Potsdam gefällt, auf dem Höhepunkt der Verhandlungen über den Verlauf der neuen deutsch-polnischen Grenze. Der Zeitpunkt war nicht zufällig gewählt und ist ein deutlicher Hinweis auf die zukünftige Politik Polens gegenüber der deutschen Bevölkerung. Zudem ging es dabei, ähnlich wie bei den »wilden Vertreibungen«, ganz offensichtlich darum, Fakten zu schaffen, bevor internationale Vereinbarungen getroffen werden konnten. Am 2. März 1945 erließ der Landesnationalrat ein erstes Dekret über verlassenes und aufgegebenes Eigentum (*Dekret o majątkach opuszczonych i porzuconych*). Generell wurde darin zwischen zwei Arten von herrenlosem Eigentum unterschieden. Als verlassen (*majątek porzucony*) wurde es definiert, wenn es kriegsbedingt herrenlos oder ohne Erben oder Erbbevollmächtigte blieb, einschließlich der von deutschen Behörden beschlagnahmten Werte. Als aufgegeben wurde definiert, was sich im Besitz des Deutschen Reichs befunden hatte oder von diesem verwaltet worden war, sowie Eigentum von Bürgern des Deutschen Reichs und von Personen, die in vom Deutschen Reich kontrolliertes Gebiet geflohen waren. Beide Arten von Eigentum stellte das Dekret unter die Obhut des Hauptamts der Provisorischen Staatsverwaltung (Główny Urząd Tymczasowego Zarządu Państwowego), das im Auftrag des Finanzministeriums handelte.

Die gesetzliche Unterscheidung zwischen verlassenem und aufgegebenem Eigentum hatte erhebliche Auswirkungen. Bei verlassenem Eigentum behielten die rechtmäßigen Eigentümer oder deren Erben ein Rückforderungsrecht, außer wenn es sich um »Eigentum von besonderer Bedeutung für den Staat« handelte. Der Rückforderungsprozess war zeitlich beschränkt, mit hohem zeitlichen und materiellen Aufwand und gegebenenfalls mit dem Klageweg verbunden. Im Falle von aufgegebenem Eigentum bestand eine solche Möglichkeit nicht. Dieses sollte mit Ablauf des Jahres 1950 in Staatsbesitz übergehen. Bis dahin unterstand es den Provinzämtern des Hauptamts der Provisorischen Staatsverwaltung.

Zwei Monate nach Erlass des Dekrets wurde es am 6. Mai 1945 in Gesetzesrang erhoben. Damit hatte die Provisorische Regierung noch vor Kriegsende und auch vor Bestätigung der Übertragung ostdeutscher Gebiete an Polen die gesetzliche Grundlage für massenhafte Enteignungen geschaffen. Behördenvertreter, die von der Regierung in den folgenden Monaten in die Westgebiete geschickt wurden, begannen noch vor der Potsdamer Konferenz mit Beschlagnahmungen. Im Gegensatz zu dem, was die Definition »aufgegebenen Eigentums« suggerierte, warteten die Behörden in der Regel nicht darauf, dass die Deutschen ihre Wohnorte verließen, sondern enteigneten sie sofort. So erstaunt es auch nicht, dass der Begriff ein Jahr später endgültig abgeschafft wurde: Am 8. März 1946 wurde das Dekret über verlassenes und ehemals deutsches Eigentum (*Dekret o majątkach opuszczonych i poniemieckich*) erlassen, das den spezifischen Bedingungen in den Westgebieten weitgehend angepasst war und solche Vermögenswerte konkret als Eigentum klassifizierte:

> »a) des Deutschen Reichs und der ehemaligen Freien Stadt Danzig; b) der Bürger des Deutschen Reichs und der ehemaligen Freien Stadt Danzig mit Ausnahme von Personen mit polnischer Staatsbürgerschaft oder einer anderen durch die Deutschen verfolgten; c) juristischer Personen aus Deutschland und aus der Freien Stadt Danzig [...]; d) von Gesellschaften, die von deutschen Bürgern und Bürgern der Freien Stadt Danzig oder einer deutschen oder Danziger Verwaltung kontrolliert werden; e) von Personen, die zum Feind übergelaufen sind.«[2]

Dieses Dekret wurde auf dem Höhepunkt des Bevölkerungstransfers von den Ost- in die Westgebiete bekannt gegeben. Da in jener Zeit große Gruppen von Neusiedlern im Westen eintrafen, war die Regelung der Eigentumsfrage besonders dringend. Die Frist für die Übertragung von Eigentumsurkunden bis Ende 1950 wurde daher aufgehoben und in einem Dekret über den sofortigen Eigentumsübergang neu geregelt. Ehemaliges deutsches Eigentum wechselte demnach in Staatsbesitz und in die Verwaltung des Hauptabwicklungsamts (Główny Urząd Likwidacyjny), das diese Aufgabe vom Hauptamt der Provisorischen Staatsverwaltung übernahm. Die neue Stelle war unter anderem für die Sicherung und Verwaltung des deutschen Eigentums sowie für dessen Verteilung an die Neusiedler zuständig. An dieser Verteilung beteiligten sich auch die Vertretungen des Staatlichen Repatriierungsamts (Państwowy Urząd Repatriacyjny, PUR), die an mehreren Orten eingerichtet wurden, um die Besiedlung zu unterstützen.

Die tatsächliche Übergabe deutschen Eigentums an die Neusiedler erwies sich dann als ebenso große Herausforderung wie die Regelung seines rechtlichen Status. Erstens war dieser Prozess von aufwendiger Bürokratie flankiert, deren eigentlicher Zweck es war, die Rechtssicherheit solcher Eigentumstransfers zu gewährleisten und damit deren Legitimität zu erhöhen. In manchen Fällen führte dies jedoch zu erheblichen Verwicklungen oder komplettem Stillstand. Wer an einer Eigentumsurkunde interessiert war, musste eine genaue Beschreibung des betreffenden Grundstücks vorlegen, einschließlich einer detaillierten Auflistung sämtlicher Flächen und des darauf befindlichen beweglichen Eigentums. Oft verlangten Beamte auch Aufstellungen und Bestätigungen über im Osten zurückgelassenes Grundeigentum, wobei sich fehlende Originaldokumente über die polnisch-sowjetische Grenze hinweg in den meisten Fällen nicht beschaffen ließen. Dieser Umstand förderte Korruption und Nepotismus, die zusätzlich verstärkt wurden durch die Konkurrenz zwischen verschiedenen Neusiedlergruppen. Zu ihnen gehörten außer den Vertriebenen aus den Ostgebieten auch Schoah-Überlebende, demobilisierte Soldaten, Emigranten aus Zentralpolen und Rückkehrer aus anderen Staaten (Deutschland, Griechenland, Frankreich, Jugoslawien etc.), die in der Kriegszeit geflohen oder deportiert worden waren. Wie die Neusiedlerin Aniela Bojko im Dorf Kotowice (Kottwitz) vermerkt, wurde das deutsche Eigentum zu einem politischen Mobilisierungsinstrument der kommunistischen Partei: »Es genügte, einem Bauern zu sagen, tritt in die Polnische Arbeiterpartei ein, und du bekommst ein englisches Vollblut oder einen Araber oder einen besseren Hof«, notierte sie in ihr Tagebuch über die erste Zeit in den Westgebieten, »und so nahm die Zahl der Parteimitglieder täglich zu.«[3]

Zweitens wirkte sich ein heftiger Kompetenzstreit zwischen den Repatriierungsinstitutionen und lokalen Behörden erschwerend auf den Eigentumstransfer aus. Letztere nutzten deutsches Eigentum oft, um die Kontrolle über ihr

Territorium zu festigen. Zudem litt der Prozess stark unter den anwesenden sowjetischen Truppen, die ohne Beachtung der Gesetze Güter für den eigenen Bedarf requirierten. So informierte etwa das Staatliche Repatriierungsamt in Legnica (Liegnitz) den Generalstabschef der Roten Armee Alexander Wassilewski darüber, dass sowjetische Soldaten »einen für ihre Bedürfnisse unverhältnismäßig großen Teil im Zentrum der Stadt einnahmen. Die dort ansässigen Polen wurden in die Peripherie verdrängt, wodurch eine schreckliche Wohnungsnot entstand, Unsicherheit und Misstrauen, auf der anderen Seite luxuriöse Wohnverhältnisse.«[4] Aufgrund solcher Hürden erhielten Neusiedler direkt nach Kriegsende keine Eigentumsurkunden, erst im März 1947 wurden die ersten Dokumente ausgegeben.[5]

Ein weiteres Hindernis bildete die Agrarreform, die vielerorts parallel zur Verteilung deutschen Besitzes durchgeführt wurde. Die grundlegende Umgestaltung der Eigentumsverhältnisse auf dem Land, ein Vorzeigeprojekt der kommunistischen Partei, zielte durch Enteignung des vor allem adligen Großgrundbesitzes und die Stärkung des Bauernstandes auf die Neuerrichtung von kleinen und mittleren Bauernhöfen. Nach der Westverschiebung Polens war die Beschlagnahme deutscher Höfe ein bedeutender Faktor bei der Realisierung dieses Projekts. Die Nachfrage war groß, da etwa 75 Prozent der polnischen Bevölkerung 1945 in der Landwirtschaft beschäftigt waren.[6] Doch die Landzuteilung verlief langsamer als erwartet und führte manchmal sogar zu gegenläufigen Wanderungsbewegungen, nicht nur innerhalb einzelner Dörfer, sondern auch zwischen Dörfern und Kleinstädten. So kam es vor, dass derselbe Hof mehrmals oder widersprüchlich aufgeteilt wurde. Manchen neuen Bewohnern fehlte die fachliche Qualifikation zum Betrieb der zugewiesenen Bauernwirtschaft, sodass sie mehrfach umziehen mussten. So konnte das Verfahren den Wohnraummangel noch verschärfen, der sich bereits in den ersten Monaten der Neubesiedlung durch organisatorisches Chaos und die daraus resultierende örtlich sehr unterschiedliche Bevölkerungsdichte innerhalb einer Region ergeben hatte. In manchen Fällen mussten sich mehrere Familien ein Haus teilen. Häufig bewohnten Neusiedler und Deutsche, deren Zwangsaussiedlung noch bevorstand, gemeinsam dieselbe Wohnung. Durch das besondere soziale Gefüge in den neuen Gebieten spitzte sich diese Situation weiter zu. Vielerorts wohnten neben Deutschen Personen, deren nationale Zugehörigkeit keine einfache Unterscheidung zwischen Deutschen und Polen zuließ und so Zweifel und Verwirrung stiftete. Viele Bewohner weigerten sich, nach Deutschland zu emigrieren und beharrten darauf zu bleiben. So verband sich die Eigentumsfrage teils eng mit der Bestimmung der nationalen Zugehörigkeit.

In Niederschlesien wurde eine solche Prüfung vor allem bei jenem als »Schlesier« bezeichneten Bevölkerungsteil vorgenommen, der teils als autochthon betrachtet wurde und eine ausgeprägte regionale Kulturidentität besaß, die jedoch von den Behördenvertretern ambivalent aufgenommen wurde. Einerseits wurden die Schlesier in der Propaganda als Teil der polnischen Nation und ihre Präsenz in den vormals ostdeutschen Gebieten als Beweis für die Kontinuität der polnischen Besiedlung der Region dargestellt. Andererseits wurden sie von den lokalen Behörden oft als Deutsche behandelt, da sie sprachlich und in ihrem Lebensstil der deutschen Kultur sehr nahe waren. Das Verhalten gegenüber den Schlesiern war weitgehend abhängig von der politischen Atmosphäre im ganzen Land, die jeder kulturellen und habituellen Nähe zur deutschen Bevölkerung mit Misstrauen und sogar Feindseligkeit begegnete. Zum Ausdruck kam dies nicht nur in lokalen Verwaltungsmaßnahmen, sondern auch in Rechtsnormen. »Die polnische Staatsbürgerschaft wird Personen entzogen, die nach Vollendung des 18. Lebensjahrs in ihrem Verhalten deutsche nationale Eigenarten erkennen lassen«, heißt es etwa im Dekret über den Ausschluss von Personen deutscher Nationalität aus der polnischen Gesellschaft (*Dekret o wyłączeniu ze społeczeństwa polskiego osób narodowości niemieckiej)* vom 13. September 1946. Diese Maßnahme blieb für Eigentumsfragen nicht ohne Folgen: »Personen, deren polnische Staatsbürgerschaft aberkannt wurde, werden aus Polen ausgewiesen«, heißt es weiter im Dekret, »[d]as Eigentum [...] wird eingezogen. Diese Personen verlieren das Recht, zu erben und Spenden anzunehmen.«[7]

Durch die neuen Erlässe drohte vielen Bewohnern der Westgebiete der Verlust ihrer Bürgerrechte. Die Behörden trafen deshalb weitere Regelungen zum Status von Minderheiten in den neuen Gebieten. Nach dem am 28. April 1946 verabschiedeten Gesetz über die polnische Staatsangehörigkeit von Personen polnischer Nationalität in den Wiedergewonnenen Gebieten (*Ustawa o obywatelstwie Państwa Polskiego osób narodowości polskiej zamieszkałych na obszarze Ziem Odzyskanych*) hatte sich jeder Bewohner, der sich vor 1945 in den Westgebieten niedergelassen hatte und die polnische Staatsbürgerschaft erhalten wollte, einer Nationalitätsprüfung zu stellen und seine Zugehörigkeit vor einer Sonderkommission nachzuweisen. Das war ein erster Schritt zur Lösung des Problems, doch die juristischen Formulierungen wurden der komplexen Realität wie so oft nicht gerecht. Da klare Verfahrenskriterien fehlten, handelten die Kommissionen anfangs ungeordnet und willkürlich. Manche Entscheide wurden ohne angemessene Vorbereitung der Entscheidungsträger, aufgrund wirtschaftlicher Motive, persönlicher Beziehungen zu den Kandidaten, politischer Gründe oder mangelnder Kenntnis der Lokalkultur getroffen. »In den meisten Fällen hatten die Kommissionsmitglieder nicht die geringste Ahnung von der Geschichte Schlesiens sowie unserer dort lebenden Brüder, [...] von ihrem großen Wert für die Zukunft unseres Volkes und Staates. Alle werden von diesen unwissenden Behörden als Deutsche behandelt«, kommentierte *Naprzód Dolnośląski* (Vorwärts Niederschlesien), das Presseorgan der lokalen Polnischen Sozialistischen Partei (Polska Partia Socjalistyczna, PPS), das Prüfungsverfahren.[8] Die unklare Unterscheidung zwischen den zwei Gruppen war jedoch nicht nur auf Unwissenheit zurückzuführen, sondern oft auch auf die Bestrebung, das Eigentum der einheimischen Bevölkerung zu konfiszieren und den Neusiedlern zuzuteilen. Im Mai 1946 charakterisierte der Bezirkspräfekt von Wrocław die Situation so:

> »Die Siedler, die nach Kriegsende hierherkamen, Polizisten und andere Beamte der öffentlichen Verwaltung betrachten die Menschen polnischer Herkunft, die zuvor hier lebten und nun die Anerkennung als polnische Staatsbürger beantragen, in der Regel mit Missgunst. Diese Haltung beruht nicht auf ideologischen Motiven, sondern auf Neid wegen der besseren materiellen Existenzgrundlagen und auf dem Streben nach Profit. Sie werden oft ihres persönlichen Besitzes und ihres Hausrats beraubt und sogar aus ihren Häusern vertrieben, indem man sie betrügt oder zu Unrecht der Kollaboration mit den Nazis bezichtigt.«[9]

Erst im April 1947 stellte das Justizministerium Leitlinien für die Definition der deutschen Nationalität vor, zu denen die Muttersprache, die Mitgliedschaft in deutschen Vereinen, der Familienstand und der soziale Status gezählt wurden. Es ist jedoch schwer abzuschätzen, inwieweit diese Bestimmungen das Prüfungsverfahren verbesserten. Faktisch blieb es weiterhin inkohärent, intransparent und stärker vom Zusammenspiel verschiedener Interessen der Zentralregierung, der Provinzregierungen und der lokalen Akteure abhängig als von gesetzgeberischen Lösungen. Während diese Prüfung für viele eine hohe Hürde darstellte, durchliefen sie Deutsche vielerorts auch erfolgreich. Dafür gab es mehrere Gründe. In den ersten Jahren konnte das Ansiedlungsprogramm die staatlichen Erwartungen nicht erfüllen, da die Zahl der Neusiedler zu gering war. Zugleich wurde versucht, möglichst viele bisherige Bewohner der Westgebiete dort zu halten, besonders jene aus Ehen mit Deutschen oder mit unklarer kultureller Identität und Nähe zur polnischen Kultur.

Die Bemühungen betrafen insbesondere Fachkräfte, die mit den deutschen Maschinen vertraut waren. Die Vertreibungen und Aussiedlungen fügten der Industrie, einem wichtigen Erwerbszweig der Region, schweren Schaden zu. Der Mangel an Facharbeitern und Ingenieuren führte zu einem signifikanten Rückgang der Wirtschaftsleistung. Manche Fabriken standen komplett still, weil entsprechendes Fachwissen fehlte. Um dem zu begegnen, erschwerten die polnischen Behörden Fachkräften gelegentlich sogar die Ausreise, obgleich für Niederschlesien eigentlich die komplette Vertreibung aller Deutschen vorgesehen war. Einige wurden explizit aufgefordert, das Prüfungsverfahren zu durchlaufen, um die polnische Staatsbürgerschaft zu erlangen und zu bleiben. Diese Prüfung bestanden nicht nur als autochthon betrachtete Personen, sondern auch Deutsche, sogar solche, die in der Zeit des Nationalsozialismus als Volksdeutsche bezeichnet worden waren. Die Willkür der Entscheidungsprozesse zeigt sich in den zahlreichen Fällen, die trotz Nähe zur polnischen Kultur oder Identifizierung mit dem polnischen Volk zur teils gewaltsamen Aussiedlung führten. Darüber hinaus bezweifelten auch Behördenvertreter selbst die Legitimität des Prüfungsverfahrens. Wie der Historiker Piotr Madajczyk festgestellt hat, betrachteten »einzelne Beamte die Bestätigungen der polnischen Nationalität als provisorische Dokumente, die jederzeit widerrufen werden konnten«.[10]

Insgesamt war das Prüfverfahren in Niederschlesien aus Sicht der polnischen Behörden nur beschränkt erfolgreich. Von den 30 000 bis 40 000 Ansässigen, die nach Kriegsende weiterhin die Region bewohnten, bestanden es nur etwa 16 000. Und trotzdem erfüllte es aus staatlicher Sicht einige Ziele. So ermöglichte es einerseits die Unterteilung der lokalen Bevölkerung in verschiedene Gruppen und so eine zügigere Güterverteilung. Andererseits trat dieser Effekt nur punktuell ein und reichte nicht aus, um die Übertragung an Neusiedler in der gesamten Region zu beschleunigen. Zudem förderte die Trennung der einzelnen Bevölkerungsteile

Konkurrenz und Spannungen zwischen ihnen. Obwohl das Prüfungsverfahren offiziell dazu beitragen sollte, die verschiedenen Bevölkerungsgruppen in den Westgebieten zu »vereinheitlichen«, also aus Polen einen homogenen Nationalstaat zu machen, schien es genau das Gegenteil zu erreichen, indem es die gesellschaftliche Vielfalt in den neuen Gebieten geradezu hervorhob. Parallel zu den gesetzgeberischen Lösungen und den praktischen Ansätzen bei der Verwaltung des deutschen Eigentums entstand die kulturelle Polonisierungsinitiative (in der Propagandasprache »Repolonisierung«), die den Zweck verfolgte, die Westgebiete dem übrigen polnischen Nationalstaat anzugleichen und die verschiedenen Bevölkerungsgruppen stärker zu integrieren.

Gegenwärtige Abwesende. Polonisierungsanstrengungen und der Kampf gegen das deutsche Erbe

Angesichts der zentralen Rolle des in der Propaganda postulierten polnischen Charakters der neuen Westgebiete war das deutsche Erbe zu augenfällig, als dass es ignoriert werden konnte. Die Vielzahl materieller Spuren der deutschen Kultur stellte das von der polnischen Regierung geförderte historische Narrativ vielmehr infrage und erforderte dringendes Handeln. Dieses umfasste einerseits den historisch-propagandistischen Verweis auf eine erzwungene Germanisierung der Region während der mehrere Jahrhunderte dauernden deutschen Herrschaft und andererseits eine ganz praktische Ebene, indem die Behörden auf die Notwendigkeit der »Repolonisierung« hinweisen, um den ursprünglich polnischen Charakter der Region wiederzubeleben und damit die Eingliederung der Neusiedler in ihre neue Heimat zu fördern.

Doch die »Repolonisierung« fokussierte, anders als der Begriff suggerieren mag, weniger den Aufbau und die Förderung der polnischen Kultur; im Gegenteil versuchte sie, das deutsche Erbe auszuradieren. Es handelte sich also im Grunde um eine Degermanisierung, die Bekämpfung jedes deutschen Merkmals in den Westgebieten. Abgesehen vom Verbot der deutschen Sprache konzentrierten sich die antideutschen Maßnahmen der Behörden auf zwei Bereiche: die Polonisierung von Ortsnamen und die Veränderung der materiellen Umgebung. In beiden Fällen entsprachen die Ergebnisse nicht den gesteckten Zielen. Die offizielle Abänderung von deutschen Ortsnamen wurde von der hierfür eingerichteten Kommission für die Festlegung von Ortsnamen (Komisja Ustalania Nazw Miejscowości) unter Leitung des Geografen Stanisław Srokowski durchgeführt. Bis 1951 legte die Kommission polnische Namen für rund 32 000 Orte fest und veröffentlichte sie im *Wörterbuch der geografischen Namen von West- und Nordpolen* (*Słownik nazw geograficznych Polski zachodniej i północnej*). Doch die neuen Ortsbezeichnungen setzten sich bei den Bewohnern nicht immer durch. Diese zogen die lokalen Namen denjenigen vor, die ihnen von oben und ohne Rücksprache aufgezwungen wurden. In den ersten Nachkriegsjahren trugen deshalb viele Orte mehrere Namen. »›Schiefer‹ bedeutet auf Deutsch Holzspäne oder Steinplitter«, merkt die Neusiedlerin Anna Witkowska in ihrem Zeitzeugenbericht an, um die Logik der Neubenennungen zu erklären – für den niederschlesischen Ortsnamen Schiefer waren den Bewohnern die Alternativen Łupki (für »Schiefersteine«) und Drzazgi (für »Holzspäne«), vorgeschlagen worden. »[D]och die Polen, die bereits dort lebten, mochten keinen dieser Vorschläge und benutzen deshalb den Namen Okap, nach dem Namen des Gut[shof]es [...] in diesem Dorf.«[11] Ein weiteres Beispiel dieser Erscheinung war die Stadt Reichenbach am Eulengebirge, die nach 1945 zum Zentrum des jüdischen Lebens in Niederschlesien wurde. Unmittelbar nach dem Krieg war sie unter den Namen Rychbach, Rychonek und Drobniszew bekannt, 1946 erhielt sie den offiziellen Namen Dzierżoniów. Abgesehen von den praktischen Schwierigkeiten, die die Mehrzahl der Namen verursachte, etwa bei der Postzustellung und im Eisenbahnverkehr, deutete sie auch auf die mangelnde Autorität der staatlichen Behörden in den neuen Gebieten hin.

Die Beseitigung materieller Spuren der deutschen Besiedlung war noch weniger erfolgreich. Sie waren überall sichtbar, wie etwa Zbigniew Żaba seine ersten Tage in Wrocław erinnerte: »Aufschriften wie ›Knorr Suppe‹, Wegweiser zu bestimmten Vierteln: ›Osswitz‹, ›Gandau‹, ›Opperau‹, ›Zimpel‹, deutschsprachige Schilder, mit sehr beständiger Farbe auf Wände gemalt.«[12] Diese Aufzählung ließe sich beliebig fortsetzen. Deutsche Aufschriften gab es auf Straßen und Gehsteigen, an Bahnhöfen, Plakatwänden, Bürohäusern, Restaurants und Geschäften, in Parks, Krankenhäusern, Aufgängen und auf Friedhöfen, in Gebetshäusern, Kirchen und an Gedenkstätten. Hausgegenstände, öffentliche Infrastruktureinrichtungen, Büchersammlungen und Exponate in Museen und Galerien waren deutsch beschriftet. In den ersten Monaten nach der Westverschiebung Polens nutzten die Bewohner noch die Reichsmark als Zahlungsmittel für den Einkauf von Grundnahrungsmitteln, die ebenfalls aus Deutschland geliefert wurden.

Die Schlüsselrolle bei der Entfernung dieser Aufschriften und Beschriftungen spielten die örtlichen Niederlassungen des Abwicklungsamts, das für die Übertragung des deutschen Besitzes an die polnische Verwaltung und die Neusiedler zuständig war. Mit dieser Aufgabe wurden auch Vertreter der Kommunen betraut. Sie erhielten weitreichende Kompetenzen bei der Prüfung und Verwaltung des Eigentums, aber statt es zu schützen und zu sichern, waren sie nicht selten mit dessen Vernichtung beschäftigt, sofern es sich nicht zerstörungsfrei von seinen deutschen Merkmalen trennen ließ. So endete die Degermanisierung also manchmal schlicht mit der Auslöschung des deutschen Eigentums. Schilder wurden zerstört, Bücher verbrannt und Porzellangeschirr auf den Müll geworfen. Die »größten Eiferer«, meinte der Wrocławer

Neusiedler Zdzisław Zieliński, »verschonten nicht einmal Grabinschriften, die zwar auf Lateinisch, aber in gotischen Lettern eingemeißelt waren«.[13] Generell kann man sagen, dass sich die Zerstörung durch mittelbare und unmittelbare Kriegseinwirkung in Niederschlesien nun durch die Bekämpfung der deutschen Kultur fortsetzte.

Vor diesem Hintergrund ist anzumerken, dass die Degermanisierung vielerorts bestimmte Vermögenswerte verschonte, nämlich das Eigentum der niederschlesischen jüdischen Gemeinden. Dieses wurde zwar in der Zeit der nationalsozialistischen Herrschaft durch Konfiszierung und Plünderung, bei Kriegshandlungen oder durch Vandalismus der lokalen Bevölkerung schwer in Mitleidenschaft gezogen. Doch einiges war 1945 dennoch übrig geblieben. Der Historiker Szyja Bronsztejn geht davon aus, dass sich bei der Grenzverschiebung in diesem Gebiet noch 14 Synagogen, 39 jüdische Friedhöfe und einige jüdische Schulgebäude befanden.[14] Obwohl dieses Eigentum Teil der deutschen Kultur gewesen war, wurde es von den Polonisierungsverantwortlichen zumeist verschont; dass zugleich die deutschen Juden aus dieser Region überwiegend als Deutsche eingestuft wurden, wird im letzten Kapitel noch gezeigt. Als etwa die Stadtverwaltung von Chojnów (Haynau) bei den Bezirksbehörden anfragte, wie sie mit dem jüdischen Friedhof in der Stadt verfahren solle, wo die meisten Grabsteine zweisprachig beschriftet seien, untersagte der Bezirkspräfekt die Degermanisierung auf den Friedhöfen der Region generell.[15] Das war vermutlich kein Zufall und rührte wohl auch daher, dass manche deutsch-jüdischen Besitztümer inzwischen der Obhut von jüdischen Gemeinden unterstanden, die von jüdischen Neusiedlern polnischer Herkunft gegründet worden waren. Rechtlich unterstand dieses Eigentum noch dem polnischen Finanzministerium, das es als verlassenes Eigentum einstufte, doch faktisch wurde es den neuen jüdischen Gemeinden überlassen. Der erwähnte Friedhof in Chojnów wurde in den ersten Jahren nach dem Krieg von der neuen Gemeinde genutzt, ebenso die Synagoge.

In Rychbach/Dzierżoniów überließ der deutsche Einwohner Konrad Springer der polnischen Gemeinde die Synagoge und den Friedhof unentgeltlich. Er hatte diese Besitztümer den NS-Behörden abgekauft, die sie 1937 beschlagnahmt hatten. Der Kauf war offenbar auf Ersuchen der lokalen jüdischen Gemeinde erfolgt, bei der Springer vor dem Krieg als Gärtner gearbeitet hatte. In Kłodzko (Glatz) wurde die Synagoge zwar in der Reichspogromnacht niedergebrannt, doch der Friedhof blieb erhalten und wurde nach Kriegsende von der neuen Gemeinde genutzt. Auch in Strzegom (Striegau), Świdnica (Schweidnitz) und Wałbrzych wurden die jüdischen Friedhöfe weitergenutzt. In Wrocław bezog die neue Gemeinde die Gemeindegebäude in der Włodkowica-Straße (Wallstraße), wo vor dem Krieg unter anderem die Synagoge, ein Gemeindezentrum und ein Rabbinerseminar untergebracht gewesen waren. Nach 1945 befanden sich dort neben der jüdischen Gemeinde das Woiwodschaftskomitee der Polnischen Juden für Niederschlesien (Wojewódzki Komitet Żydów Polskich na Dolny Śląsk), die Jüdische Gesellschaft für Kultur und Kunst (Żydowskie Towarzystwo Kultury i Sztuki), Niederlassungen der beruflichen Fachschule ORT und der Gesellschaft zum Schutz der Gesundheit der jüdischen Bevölkerung (Towarzystwo Ochrony Zdrowia Ludności Żydowskiej w Polsce, TOZ) sowie Räumlichkeiten von weiteren jüdischen Organisationen, von Zeitungen und Parteien.

Aufgrund der Übergabe des deutsch-jüdischen Eigentums an polnische Juden änderte sich offenbar auch die Haltung der polnischen Behörden hierzu. Das bestätigt sich in gewissem Umfang auch dadurch, dass die Archivdokumente zur Polonisierungsaktion keine Information über diese Art von Eigentum enthalten. Jedenfalls gehörte der Besitz der jüdischen Gemeinden zu den wenigen Besitztümern, die von der »kulturellen Aneignung« in den Westgebieten verschont geblieben waren. Diese Besitztümer sollten jedoch in den folgenden Jahrzehnten fast alle dem Verfall preisgegeben werden. Wie Krzysztof Bielawski aufgezeigt hat, war ihr Niedergang jedoch weniger auf Degermanisierungsbemühungen als vielmehr auf die zunehmende antijüdische Stimmung im kommunistischen Polen zurückzuführen, die sich unter anderem in legislativen Maßnahmen zur Beschränkung der Nutzung dieses Eigentums durch die neuen jüdischen Gemeinden sowie durch mangelnden Schutz des jüdischen Grundeigentums, Verwahrlosung und Vandalismus seitens der lokalen Bevölkerung manifestierte.[16]

Insgesamt entsprach das Ergebnis der Polonisierung Niederschlesiens nicht den ursprünglichen Zielsetzungen. Statt den kulturellen Charakter der Region zu verändern und die polnische Kultur darin zu verwurzeln, hinterließ die Aktion schwere Schäden an ihrer materiellen Struktur. In den ersten Jahren nach dem Krieg wurden vielerorts zerbrochene Schilder, unleserliche Aufschriften, umgestürzte Denkmäler, zerschlagene Grabsteine, herumliegende Bücher und Dokumente und vieles mehr gleichsam zu gegenwärtigen Abwesenden der westpolnischen Landschaft, zu Zeugen der entstandenen Leere, des Zerstörten und des Fehlenden. Sie hoben genau das hervor, was die Behörden vor den Neusiedlern zu verbergen versuchten. »Derzeit stoße ich überall auf Gegenstände, die jemand anderem gehören«, schreibt die Neusiedlerin Joanna Konopińska über Wrocław, »sie zeugen von jemandes Leben, von dem mir nichts bekannt ist, von Menschen, die [...] hier gelebt haben und jetzt vielleicht tot sind. Wie soll man so ein neues Leben beginnen.«[17]

Die Eliminierung der deutschen Kulturpräsenz weckte zudem in vielen Fällen den Widerstand der noch dort lebenden deutschen Bevölkerung. Nach der ersten Degermanisierungswelle im ersten Halbjahr 1945, in der die Kulturvernichtung mit besonderer Härte betrieben wurde, setzten die Provinzbehörden die Aktion aufgrund der sozialen Spannungen vorübergehend aus. Als sich im Frühjahr 1947 die Aussiedlung der deutschen Bewohner dem Ende näherte, setzte im Zuge der Vorbereitungen für die *Ausstellung der Wiedergewonnenen Gebiete*, einer großen Propagandaveranstaltung anlässlich von zwei Jahren polnischer Herrschaft in den neuen Westgebieten, die zweite Welle ein. Doch diesmal schritt sie nur schleppend voran und konnte die in sie gesetzten staatlichen Erwartungen nicht erfüllen. Wie der Historiker Gregor Thum darlegt, richtete die Polonisierung schwere Schäden an Infrastrukturanlagen an, die für das alltägliche Leben der Bewohner von entscheidender Bedeutung waren; »obwohl die staatlichen Organe die Auffassung vertraten, dass diese Maßnahmen wichtig genug seien, um die damit verbundenen Anstrengungen und Ausgaben zu rechtfertigen«, verfolgten die lokalen Verwaltungsbehörden »die Beseitigung von Überresten der deutschen Kultur nicht immer mit der erforderlichen Dynamik«.[18] Im April desselben Jahres veröffentlichte das Ministerium für die Wiedergewonnenen Gebiete deshalb eigens ein Memorandum, das die lokalen Behörden zur Beschleunigung der Polonisierung aufrief und dazu konkrete Maßnahmen anmahnte:

> »Vor allem ist es nicht hinnehmbar, dass [lokale] Ämter Drucksachen mit deutscher Beschriftung verwenden [...], was aber bis jetzt vorkommt. Alle Aufschriften müssen nicht nur in öffentlichen Gebäuden entfernt werden, in denen man ihnen inzwischen nur noch in geringem Maße begegnet, sondern auch in privaten Gebäuden (Tore und Treppenhäuser), Restaurants, Cafés, Geschäften sowie [...] von verschiedenen Gemälden ohne künstlerischen Wert [...] und verschiedenen kleinen Gegenständen, wie Aschenbechern, Bierdeckeln, [...] Waren in deutscher Verpackung usw. Schließlich soll die Aktion zur Entfernung deutscher Inschriften Kirchen, Kapellen, Kreuze am Straßenrand u. ä. religiöse Kultobjekte umfassen, es sei denn, das betreffende Objekt hat einen herausragenden Denkmalcharakter, der im Zweifelsfall von der zuständigen Behörde zu bestimmen ist.«[19]

Dieses Memorandum fasst nicht nur die bescheidenen Resultate der Polonisierung in den ersten zwei Jahren nach Kriegsende detailliert zusammen, es zeigt auch deren Grenzen auf. Die akribischen Hinweise des Ministeriums etwa bezüglich der Entfernung deutscher Aufschriften auf Aschenbechern und Bierdeckeln verweist eher darauf, dass die gesteckten Ziele praktisch unerreichbar waren. Die deutsche Vergangenheit ließ sich nicht so einfach komplett auslöschen. Um dies in Niederschlesien zu erreichen, hätte das materielle und kulturelle Erbe der Region vollständig zerstört werden müssen, was sich die polnische Regierung nicht leisten konnte. Dem deutschen Eigentum im Westen des Landes kam eine zu bedeutende Aufgabe bei der Gewinnung von Neusiedlern und dem Wiederaufbau der polnischen Wirtschaft zu, sodass bestimmte Zerstörungsabsichten ohne Zögern verworfen wurden. Die Polonisierungsanstrengungen konzentrierten sich nun vor allem auf die zahlreichen erkennbar deutschen Spuren im öffentlichen Raum und ignorierten den privaten Bereich jenseits von »Toren und Treppenhäusern«, wo die Eingliederung der Neusiedler begann. Das führte dazu, dass viele Menschen einer gewissen Ambivalenz im Verhältnis zum deutschen Kulturerbe in ihrer Umgebung ausgesetzt waren: Das deutsche Eigentum sollte einerseits die Westgebiete für Neusiedler attraktiv machen, andererseits wurde es zur Gefahr für die Propaganda der »Repolonisierung«, sodass dessen Überprüfung, Überwachung und manchmal auch Liquidierung gefordert wurde. Während die meisten Neusiedler also die Versuche miterlebten, materielle deutsche Kultur auszuradieren – und sich auch selbst daran beteiligten –, entwickelte sich diese Kultur in ihren neuen Häusern und Wohnungen zum festen Bestandteil des Alltags. Diese Spannungen – zwischen Aneignung, Umdeutung und Vernichtung – waren das dominante Merkmal des deutschen Eigentums in Niederschlesien und haben das Leben der Neusiedler zweifellos stark geprägt, wie etwa Stanisław Bereś' Jugenderinnerungen aus Wrocław zeigen:

»Der Name Breslau konnte in Polen nicht ausgesprochen werden, ohne dass man fühlte, ein Tabu zu verletzen. Und doch lebte ich in einem ehemals deutschen Haus, in dem über viele Generationen hinweg deutsche Kinder geboren wurden und deutsche alte Menschen starben. Ich schlief auf einem deutschen Sofa, schaute mir deutsche Gemälde an, badete in einer deutschen Badewanne, aß aus deutschen Töpfen und Tellern, spielte mit deutschen Säbeln, schrieb mit deutscher Feder und deutscher Tinte, blätterte in deutschen Büchern ... Ich könnte diese Schilderung endlos weiterführen. Wenn ich mir morgens über die Schultern das Schulhemd vom Kleiderbügel streifte, enthüllte ich die Aufschrift ›Steuernagel‹, die darauf zu sehen war. Das war der Name des Arztes, der in meiner jetzigen, und ehemals seiner, Wohnung gewohnt hatte. [...] Mehr als einmal kamen mir als Kind ängstliche Gedanken: ›Jesus und Maria, es ist doch nicht Unseres, es ist Deutsches!‹«[20]

Unerwünschtes Erbe:
Deutsches Eigentum im Alltag
der polnischen Neusiedler

> »Ich freute mich [beim Anblick des Hauses], aber dann rief ich mir ins Bewusstsein, dass in diesem Haus Deutsche wohnen – Menschen, die es mit geringer oder größerer Aufopferung gebaut haben. Was soll ich sagen, wenn wir die Türschwelle überqueren? Haut ab, ich bin ein Repatriant von hinter dem Bug? Und um eine Unterkunft bitten, dazu noch mit einer Herde ... Welcher Hausherr wäre damit einverstanden?«
>
> *Michał Sobków* (nach 1945)[1]

Das deutsche Eigentum in den Westgebieten stellte nicht nur ein administratives oder juristisches Problem dar, sondern zunächst einmal war es unverzichtbarer Bestandteil des Alltags. Besonders zu Beginn, als alle Anstrengung dem Aufbau einer neuen Lebensgrundlage galt, der Wohnungssuche, Möblierung und sonstiger Ausstattung, stand diese Thematik im Mittelpunkt der Aufmerksamkeit vieler Neusiedler, die teils völlig mittellos in den Westgebieten angekommen waren. Ihre anfängliche Orientierung in der deutschen Umgebung wirkte sich stark auf die langfristige Akklimatisierung am neuen Wohnort aus. Obwohl deutsche Gegenstände sie auch später oft begleiteten, konzentriert sich das vorliegende Kapitel auf das sich verändernde Verhältnis zum deutschen Eigentum gerade in den ersten zwei Jahren ab der Ankunft in der Region. Verschiedene Äußerungsformen dieser Beziehung werden im breiteren gesellschaftlichen Kontext deutlich, besonders vor dem Hintergrund des sich entwickelnden Verhältnisses zwischen Neusiedlern und den Deutschen, deren Aussiedlung noch nicht vollzogen war. Damit soll das Kapitel zum Verständnis des Adaptationsprozesses der polnischen Neusiedler in den Westgebieten beitragen und Fragen zu ihrer Eingliederung in den neuen polnischen Staat erörtern.

Geliehenes Haus:
Die Wartezeit und erste Interaktionen

Die ersten Monate in Niederschlesien begriffen nur wenige polnische Neusiedler als einen Neuanfang. Für die meisten von ihnen war der Krieg im Grunde genommen noch nicht zu Ende, vielmehr bedeutete der Transfer für sie nur eine weitere Episode in der Reihe von Entwurzelungen, die sie aufgrund der Einmärsche fremder Armeen in den vergangenen Jahren erlitten hatten. Die Ankunft der Roten Armee in Polen 1944 ließ zwar die Hoffnung auf Befreiung von der deutschen Besatzung aufkeimen, erwies sich jedoch rasch als weitere Okkupation, besonders in den Ostgebieten, die bereits zwischen 1939 und 1941 unter sowjetischer Herrschaft gestanden hatten. Nach der deutschen Kapitulation hielt die neuerliche, auf ihre Weise ebenfalls erdrückende Fremdherrschaft an: Die sowjetischen Behörden verstärkten den Kampf gegen den polnischen Untergrund und verhafteten zahlreiche Polen, die in Gefängnissen oder Arbeitslagern festgehalten oder umgebracht wurden. Doch auch verstärkter politischer Terror konnte die Angriffe nationalistischer Widerstandsorganisationen, besonders in der Region Wolhynien und in Ostgalizien, wo die Ukrainische Aufständische Armee (UPA) Angst und Schrecken verbreitete, kaum unter Kontrolle bringen. Zudem führte eine Vielzahl erschütternder Nachrichten über Opfer im Familien- und Freundeskreis zu einer weiteren Verschlechterung des allgemeinen Sicherheitsempfindens in der Gesellschaft. Die Hoffnung auf Besserung zerschlug sich. Viele Menschen litten unter Kriminalität, Armut und Gewalt;

viele lebten in Angst und Unsicherheit, die nicht weniger intensiv waren als während des Kriegs.

Die meisten Neusiedler hatten Vertreibung und Flucht in der einen oder anderen Form bereits miterlebt, ob als Zeugen der Judenvernichtung durch die deutschen Besatzer oder beim großen polnischen Exodus nach der Aufteilung Polens auf Grundlage des Molotow-Ribbentrop-Pakts und der sowjetischen Besetzung Ostpolens. In die Abfolge solcher Erfahrungen gliederte sich die neuerliche Bevölkerungsbewegung als weiteres Resultat des Konflikts zwischen den Großmächten ein. Der Transfer war also in jeder Hinsicht alles andere als eine triumphale Heimkehr. Die Züge wurden von sowjetischen Soldaten begleitet und waren oft wochenlang unterwegs. Die Militärpräsenz konnte die tags und nachts drohenden Angriffe krimineller Banden kaum verhindern und war für die Reisenden meist eine große Belastung. Nicht alle überlebten den Transport. Die es geschafft hatten, kamen oft erschöpft an und hofften auf einen guten Ausgang, doch nur wenige glaubten, dass Niederschlesien die Endstation ihrer Odyssee war.

Die in den ersten Nachkriegsjahren intensiv geführte öffentliche Debatte über die Festlegung der künftigen deutsch-polnischen Grenze entlang der Oder-Neiße-Linie schürte zusätzliche Zweifel im Hinblick auf die Zukunft der Neusiedler in den Westgebieten. Gerüchte über weitere Vertreibungen oder künftige territoriale Verschiebungen verbreiteten sich rasch, besonders unter den Neuankömmlingen, die Tage, manchmal Wochen ohne Kenntnis über ihr weiteres Schicksal an Bahnhöfen festsaßen, bis Beamte der Repatriierungsämter sich ihrer annahmen. Als die ersten Züge in den Westgebieten ankamen, hatte ein Großteil der lokalen und staatlichen Behörden ihre Tätigkeit noch nicht aufgenommen. Nicht wenige Neusiedler verbrachten deshalb die erste Zeit nach ihrer Ankunft in der Region in Behelfsunterkünften, wo sie oft unter schwierigsten hygienischen Bedingungen inmitten von Trümmern überleben und sich vor Kälte, Regen, Ungeziefer, Krankheiten und Straßenräubern schützen mussten. Auch als ihnen Wohnorte zugewiesen wurden, war das oft erst eine Zwischenstation der dann folgenden Binnenmigration – von Haus zu Haus oder von Ort zu Ort, je nach Wohnraumkapazität oder sich änderndem behördlichen Beschluss. Fast überall lebten zu dieser Zeit noch Deutsche, die anfänglich die Ausweisungen als temporär betrachteten und die Hoffnung hegten, dass die Region bald wieder zu Deutschland gehöre. Entgegen der kommunistischen Propaganda hatten die Neusiedler also Grund genug, den Transfer in die Westgebiete als vorübergehendes Ereignis zu betrachten und eine abwartende Haltung einzunehmen.

Trotz ihres täglichen Überlebenskampfes bereiteten sich vor allem in den ersten Monaten viele Neusiedler auf den Tag vor, an dem sie wieder zum Verlassen des Ortes gezwungen würden oder – bei optimistischer Sicht – die Rückkehr in ihre Heimat im östlichen Grenzland antreten dürften. Wie komplex diese Situation war, geht etwa aus dem Bericht der in Druskieniki (lit. Druskininkai) geborenen Wiktoria Kwiatkowska hervor, die im Dezember 1945 in den Westgebieten ankam. Nach einigen erfolglosen Versuchen, eine vorübergehende Unterkunft für sich und ihre drei Kinder zu finden, verfiel sie in einen Zustand der Ohnmacht:

> »In dieser Verlassenheit, mit dem Gefühl, dass ich von überall vertrieben werde, beschloss ich plötzlich, in meinem Unglück zu versinken. Aufzugeben. Mich um nichts mehr zu bemühen. [...] Ich wollte nur ein Bett finden für die Kinder, diese schlimme Zeit auf fremder Erde überleben, wenn auch zur Salzsäule erstarrt, bis wir nach Hause in Druskieniki zurückkehren können. Diese ganze Fahrt, all die Anstrengungen, um sich im Westen niederzulassen, fremde Landstriche zu besiedeln – all das ist sinnlos, ungerecht. Gerechtigkeit heißt, in das Haus meiner Familie zurückzukehren.«[2]

Die Ungewissheit wirkte sich auf das Verhältnis der Neusiedler zum deutschen Eigentum aus. Die meisten von ihnen beeilten sich nicht, sich niederzulassen, und ließen ihre Koffer gepackt trotz der Aufrufe der polnischen Behörden. Nur wenige meldeten sich auf den Abwicklungsämtern, um das neue Eigentum offiziell in Empfang zu nehmen. Wie Jadwiga Korcz-Dziadosz aus dem bei Lwów gelegenen Sambor (ukr. Sambir) beschreibt, wurde ein solches Unterfangen unter den gegebenen instabilen Umständen als sinnlos empfunden:

»Aber wir haben doch nur irgendeinen Schlafplatz gesucht. Eine Wohnung oder gar ein Haus haben wir nicht gebraucht. Wir glaubten, dass dieser ganze Zustand nicht lange anhalten könne. Diese Wiedergewonnenen Gebiete würden bestimmt bald erneut ›wiedergewonnen‹, es wäre also sicherer, umzuziehen – vielleicht an einen Ort näher zu Sambor?«[3]

Solange sich das Verhältnis zum deutschen Eigentum in erster Linie nach dessen Nutzen für das tägliche Überleben richtete, ignorierten viele Neusiedler die rechtlichen Fragen und begnügten sich mit der tatsächlichen Verfügungsgewalt über die genutzten Sachwerte, die eher als ein vorübergehendes Entleihen betrachtet wurde. In den sechs Jahren permanenten Notstands, in denen es zu Beschlagnahme und verschiedenen anderen Zugriffen auf privates und öffentliches Eigentum kam, bewährten sich Entleihungen dieser Art besonders, während Besitzrechte ihre herkömmliche Bedeutung vollständig einbüßten. Auch nach der Ankunft in den Westgebieten dauerte dieser Zustand vielfach an: Eigentumsurkunden waren weit weniger bedeutend als die Möglichkeit, das benötigte Gut sofort verwenden zu können. Unter solchen Bedingungen herrschte »ein Gefühl der Vorläufigkeit«, das Ignacy Einhorn aus Kłodzko schildert: »Paradoxerweise war das für viele Leute sehr bequem. Auch für mich. Wozu Wände streichen, wir gehen ja bald wieder. Wozu über Möbel nachdenken, man weiß ja nicht, ob man wieder wegmuss. Dieses Leben in Wartestellung hat auch etwas Anziehendes.«[4]

Die grundlegende Instabilität provozierte unterschiedliche Reaktionen, von Lähmung bis zum Gefühl der Entlastung. Während es einigen schwerfiel, sich in der unsicheren Realität zurechtzufinden, zogen nicht wenige die temporär empfundene Freiheit, den anderen gesellschaftlichen Rahmen und die unbekannte materielle Umgebung vor. Unter den polnischen Neusiedlern, die in der ersten Hälfte des Jahres 1945 in Niederschlesien eintrafen, waren diese Empfindungen von den Nachrichten über die deutsche Kapitulation und die Wiedererlangung der Unabhängigkeit Polens getragen und von der aufkeimenden Hoffnung auf rasche Rückkehr in die Heimat. Diese Erwartungen erreichten ihren Höhepunkt im Sommer 1945 während der Verhandlungen von Potsdam. Doch das alliierte Abkommen war eine schwere Enttäuschung für alle, die auf Rückkehr in den Osten gehofft hatten. Die besondere Stimmung der ersten Tage in den Westgebieten und die folgende Ernüchterung bringt die Neusiedlerin Stanisława Sękowska im Dorf Pilchowice (Mauer) bei Lwówek Śląski (Löwenberg in Schlesien) treffend zum Ausdruck:

»Die Deutschen pflegten ihre Fahrräder hoch in die Baumkronen zu hängen. In den Büschen versteckten sie Motorräder und ihr Hab und Gut. Sie glaubten wie wir, dass das nur eine Übergangszeit sein würde und wir bald wieder an unseren Ort zurückkehren und sie an ihrem Ort bleiben würden. Wir erfreuten uns an der Freiheit, wir wurden Zivilisten in Häusern ohne Fotografien unserer Väter und Mütter. [...] Doch später, als mitgeteilt wurde, dass Lwów uns nicht mehr gehöre, sondern in russische Hände übergehe und wir bei den Deutschen Familien gründen sollen, weinten wir. Und zwar alle, nicht nur Frauen. Ich sah diese von den Kriegserfahrungen gezeichneten Männer – wie Kinder weinen.«[5]

Je mehr die Hoffnung auf Rückkehr schwand, desto dringender wurde die Notwendigkeit, Eigentumsverhältnisse zu ordnen. Die – rechtlich geregelte oder nur faktisch erfolgte – Zuteilung von Gütern an die Neusiedler kam sehr unterschiedlich voran. Schließlich waren die Leute jedoch überall gezwungen, eine Wohnung zu finden, die Familie dorthin zu bringen und sich bei den lokalen Behörden zu melden. Nach dieser Übergangszeit schien es nicht mehr möglich, den Fragen zum Ursprung des ihnen anvertrauten Eigentums auszuweichen. Doch wie der aus Hucisko Oleskie bei Lwów nach Lubin (Lüben) gekommene Franciszek Sikorski berichtete, unternahmen die polnischen Behörden nichts, um diese Fragen befriedigend zu beantworten. Stattdessen wiederholten sie das propagandistische Narrativ über die polnischen Wurzeln der Westgebiete und ignorierten das eigentliche juristische Problem. Vielmehr wurden Neusiedler dazu ermuntert, sich bedenkenlos in ihrem neuen Zuhause einzurichten: »Nachdem wir alle Sachen vom Fahrzeug des Repatriierungsamts ausgeladen hatten, sagte uns der Beamte, wir könnten uns hier als Bürger mit vollen Rechten fühlen und wir sollten nicht auf die Deutschen achten. Sie wohnten schließlich bei uns, nicht wir bei ihnen.«[6]

Tatsächlich fiel es vielen Menschen schwer, ihre neuen Häuser als legitimes Eigentum zu betrachten, wie beispielsweise Tadeusz Gliński aus Rohatyn (ukr. Rohatin), der Ende 1945 in Westpolen eintraf und Monate später nach mehrmaligem Ortswechsel ein Haus in Złotoryja (Goldberg) erhielt: »Wie kann man einfach hinkommen und den vorhandenen Bewohnern Dinge wegnehmen, wie? [...] Das war unser erstes Problem. Selbst wenn ich dort hätte wohnen wollen, ich konnte es einfach nicht, das gehörte ja alles nicht uns.«[7]

Die Anwesenheit der früheren Besitzer machte die Überwindung dieser Hürden gewiss nicht leichter. Die Begegnung mit den deutschen Bewohnern gehörte zu den konstituierenden Erlebnissen der Neusiedler in den ersten Jahren ihres Aufenthalts in Niederschlesien. Wie nachfolgend gezeigt werden soll, drehten sich diese Nachbarschaftsbeziehungen weitgehend um den gemeinsam genutzten Besitz. Die Entwicklung dieses Verhältnisses war komplex und nahm manchmal unerwartete Wendungen. Die polnischen Neusiedler gerieten nach Jahren deutscher Fremdherrschaft in ihrem Land nun von einem Tag auf den anderen in die Position, selbst fremdes Eigentum in Besitz zu nehmen. Während sie noch über den Verlust ihrer Heimat trauerten, machte sie das neue Regime selbst zu einem Teil des Unterdrückungssystems und zu Vertreibern, von denen erwartet wurde, die Kriegsbeute dankbar entgegenzunehmen. Die Bedenken bei der Inbesitznahme deuten nicht nur auf einen Akt der Ablehnung der neuen Realität oder auf die Rückkehr zum konventionellen Eigentumskonzept hin, sondern sie sind auch Ausdruck der Weigerung, sich an dem Machtspiel zu beteiligen, das ihnen genauso aufgezwungen wurde wie der deutschen Bevölkerung. Wer wie Bronisław Kowacz die Vertreibung selbst miterlebte, war noch ungehaltener über die staatliche Auffassung von historischer Gerechtigkeit:

»Wir wurden zum ersten Mal Zeugen, wie man die Deutschen aus den Häusern holt. Das machten ein paar Zivilisten mit Gewehren und rot-weißen Armbinden. Wir vermuteten, dass das unsere Miliz war. Sollte das wirklich jene Vergeltung für die Verbrechen der Deutschen an uns, den Polen, während des Kriegs sein? Hätte uns das Herumschubsen von zwei alten Frauen und einem alten Mann Genugtuung oder Entschädigung bringen sollen?«[8]

Der Bevölkerungs- und Eigentumstransfer fand nach polnischem Recht statt und wurde überwacht von polnischer Polizei und Vertretern der lokalen Behörden, die jeden Widerstand gegen die Umsetzung unterdrückten. Die Liquidierungs- und Repatriierungsämter ermutigten die Neusiedler zur raschen Übernahme deutschen Eigentums, indem sie darauf hinweisen, dass die Übergabe sämtlichen Besitz betraf, auch bewegliche Güter. Doch für viele war das mit der Überwindung seelischer und ethischer Schranken verbunden. Aus Zeitzeugenberichten geht hervor, dass dies die Älteren besonders belastete, während jüngere Menschen anpassungsfähiger waren und Vorbehalte leichter überwanden. Vor diesem Hintergrund kam es nicht selten zu innerfamiliären Konflikten. Neusiedler Bronisław Kowacz etwa schreibt in seinem Bericht weiter, nachdem es ihm gelungen sei, seine Kräfte zu sammeln und mit seiner Familie in ein fremdes Haus einzuziehen, habe sich seine Mutter kategorisch geweigert, deutschen Besitz zu übernehmen:

»Wir konnten sie fast nicht überzeugen, das Haus überhaupt zu betreten. Das gehört doch nicht uns, sagte sie immer wieder. Die Leute sollen doch alle ihre Sachen mitnehmen, bevor wir einziehen [...], dann können wir ruhig schlafen. Schließlich haben wir ihr gesagt, dass die Deutschen uns ihr Haus freiwillig überlassen hätten und dass sie morgen alle ihre Sachen abholen könnten.«[9]

Die umgekehrte Perspektive in derselben Angelegenheit ergibt sich aus den Erinnerungen von Wiktoria Kwiatkowska, die in den ersten Wochen in Lubsko (Sommerfeld) mehrmals mit ihrem erwachsenen Sohn in Streit geriet, weil er sich am Eigentum der deutschen Bewohner bediente:

»In dem ehemals deutschen Haus gab es alles. [...] Ich wusste nicht, ob ich es nehmen durfte, als würde es mir gehören; ich verabscheute es, die Dinge Anderer zu nehmen. [...] Irek schnauzte mich an, als er meine Vorsicht sah, erinnerte mich daran, was wir alles im Osten zurückgelassen hatten. ›Sie haben uns das Haus weggenommen, Mama, unser schönes Haus‹, erklärte er und langte ohne jeden Gewissensbiss nach den Gabardineanzügen im fremden Schrank.«[10]

Das allgemeine Unbehagen, das mit der Übernahme des Eigentums der deutschen Bewohner verbunden war, fand einen bemerkenswerten gesellschaftlichen Ausdruck in den urbanen Legenden und Schauergeschichten über deutsches Eigentum, die sich unter den polnischen Neusiedlern rasch verbreiteten. So weigerten sich in den ersten Jahren nach dem Krieg die meisten Neusiedler in Wrocław, Wohnungen in als besonders deutsch geltenden Vierteln (beispielsweise Sępolno, Zalesie und Krzyki) zu beziehen, obwohl diese fast unzerstört geblieben waren und die Wohnungen sich dort in weitaus besserem Zustand befanden als anderswo. »Das Aussehen der Gebäude und überhaupt die dortige Architektur waren derart verschieden von dem, was die Polen kannten«, erklärt Kulturhistorikerin Katarzyna Uczkiewicz, dass die Neusiedler »die Legende in die Welt setzten, dass die roten Fassaden der Gebäude vom Blut der polnischen Zwangsarbeiter gefärbt waren«.[11] Zudem zirkulierte unter ihnen das Gerücht, in den Häusern der Vertriebenen verbliebene Lebensmittelvorräte seien vergiftet. Die Furcht vor dem deutschen Eigentum manifestierte sich auch in Legenden über Schätze, die in Fallen versteckt seien oder von deutschen Wächtern bewacht würden. Wohl am bekanntesten ist die Legende von dem mit großen Mengen Schmuck, Gold, Kunstwerken, Dokumenten und Waffen beladenen Goldzug, der in einem geheimen Tunnelkomplex unter dem Eulengebirge in der Region Wałbrzych versteckt sei und dessen Standort nur einer ausgewählten NS-Elite bekannt gewesen sei. Solche Geschichten reflektieren das zwiespältige Verhältnis gegenüber den deutschen Hinterlassenschaften – geheimnisvoll, verlockend und zugleich bedrohlich.

Um diese Ambivalenz zu verstehen, sind neben den genannten Faktoren – Vorläufigkeit des Hierseins, Hoffnung auf Rückkehr, Ablehnung des kommunistischen Unterdrückungsapparats, Anwesenheit der deutschen Bewohner etc. – auch die gewaltigen Unterschiede zwischen den früheren ostpolnischen Gebieten und Niederschlesien zu berücksichtigen, die

Landschaft, Klima, technische Entwicklung, Lebensweise, gesellschaftlichen Aufbau und die damit verbundenen kulturellen Symbole umfassten.

In der wechselvollen Geschichte Polens waren die Ostgebiete Schauplatz zahlreicher Kriege, gesellschaftlicher Umwälzungen, Verfolgungen und »ethnischer Säuberungen« gewesen, die zu ständiger Zerstörung materieller Kultur, zu Entwicklungsrückstand und wirtschaftlichen Schwierigkeiten führten. In den ersten Jahrzehnten des 20. Jahrhunderts, in denen die östlichen Provinzen so geprägt wurden, wie sie die Neusiedler kannten, waren sie größtenteils vom Ersten Weltkrieg und danach vom russischen Bürgerkrieg und vom Polnisch-Sowjetischen Krieg in Mitleidenschaft gezogen. Der Lebensstandard in vielen Gebieten Ostpolens, insbesondere im ländlichen Raum, fiel aufgrund der Kämpfe, Plünderungen und Pogrome in dieser Zeit auf das Niveau des 18. Jahrhunderts zurück.[12] Der Wiederaufbau schließlich wurde von der Wirtschaftskrise der 1930er Jahre behindert, die zu einem starken Rückgang der landwirtschaftlichen und industriellen Produktion, zu Arbeitslosigkeit und Armut führte. In der Zweiten Polnischen Republik war der Urbanisierungsgrad im östlichen Grenzland der niedrigste im ganzen Land. Die überwiegende Mehrheit der Bevölkerung wohnte in Dörfern, Industrie war kaum vorhanden, und auch die Landwirtschaft war im Vergleich zu anderen Regionen unterentwickelt. Außer in den größeren Städten lebte die ostpolnische Bevölkerung mehrheitlich ohne moderne Infrastruktur wie gepflasterte Straßen, Elektrizität und Abwassersysteme, öffentliche Dienste und elementare Verkehrssysteme. Im Hinblick auf den wirtschaftlichen Wandel und den technischen Fortschritt lagen diese östlichen Gebiete weit hinter den anderen Landesteilen zurück.

Für zahlreiche Neusiedler war der Transfer in den Westen deshalb auch eine Zeitreise und Niederschlesien kam ihnen fast wie eine Zukunftsvision vor. Diese Region, über Jahrhunderte Grenzland zwischen verschiedenen politischen Mächten, war nicht weniger Kriegen und Konflikten ausgesetzt gewesen als das östliche Polen, doch die Geschichte hatte hier einen anderen Verlauf genommen. Die entscheidende Wende war in der zweiten Hälfte des 18. Jahrhunderts erfolgt, nach drei Kriegen zwischen den Habsburgern und den Hohenzollern, als Schlesien fast vollständig unter preußische Herrschaft kam. Unter der neuen Herrschaft wurden die Kriegsschäden beseitigt und Reformen eingeleitet, darunter die fiskalische und militärische Eingliederung der Region ins Preußische Reich, die Ansiedlung von preußischen Siedlern sowie die technische, wirtschaftliche und urbane Modernisierung. Diese Prozesse beschleunigten sich im 19. Jahrhundert trotz einiger Krisen und veränderten die schlesische Landschaft von Grund auf. Die prägendsten Merkmale des technischen Fortschritts in der Region waren die Eröffnung der Eisenbahnlinie Breslau–Ohlau 1842 und die Einführung der elektrischen Straßenbeleuchtung in Breslau 1887. Aufgrund der raschen Entwicklung galt die Region noch bis zum Zweiten Weltkrieg als Symbol des Erfolgs deutscher Kultur. Nach dem Krieg waren die Entwicklungsunterschiede zwischen dem östlichen Grenzland und Niederschlesien aber noch wesentlich größer geworden. Die polnischen Neusiedler erkannten das sofort. Der erste Eindruck bei der Ankunft in den Westgebieten war in vielen Fällen ungläubiges Staunen angesichts des technischen Entwicklungsstands und des städteplanerischen Niveaus. Dieses erste Zusammentreffen schildert Luta Brachfeld, die mit ihrer Familie in Złotoryja wohnte und einen Ausflug nach Wrocław unternahm:

»In der damaligen Zeit [...] wies Deutschland einen technischen Stand auf, der mit dem Osten – Russland, Ukraine oder Belarus, von den asiatischen Republiken ganz zu schweigen [...] – nicht zu vergleichen war. In Wrocław war ich in einer Wohnung mit einem Wohnzimmer, das mit einem Marmorboden belegt war, vom Eingang bis zum Garten. Die Tür zum Garten war eine Schiebetür ganz aus

Glas. Hinter ihr eröffnete sich ein riesiger Raum, auch mit Marmorboden. Der Garten war so groß, dass man dort tanzen konnte. Ich konnte nicht glauben, was ich sah. [...] Alles wie im Film, wie bei einer Filmvorführung. Nie zuvor habe ich annähernd so etwas gesehen. Hier war die Welt eine andere.«[13]

Die teils frappierenden Unterschiede zwischen den materiellen Bedingungen in beiden Regionen lösten nicht nur ehrfürchtige Bewunderung für die Errungenschaften des ehemaligen Feindstaates aus. Für viele war diese Empfindung auch mit einem Gefühl von Verlegenheit wegen der Rückständigkeit des polnischen Ostens verbunden. Beim Anblick ihrer neuen Umgebung im kleinen niederschlesischen Dorf Piskorzów (Peiskerdorf) im Mai 1946 kamen der aus Dawidów bei Lwów stammenden Romana Sechidewicz Erinnerungen an das Leben an ihrem Geburtsort:

»Bei uns gab es nur unbefestigte Straßen, außer vielleicht der Hauptstraße nach Lwów. Hier wurden nicht nur Straßen gebaut, sondern entlang der Straßen auch noch prachtvolle Kastanienbäume gepflanzt. [...] Alles sieht hier aus wie im Märchen – alles ist so schön aufgeräumt, gepflegt, schön zurechtgelegt, lieblich, mit Blumen bepflanzt. [...] Bei uns gab es keine Elektrizität, nur Paraffinlampen, hier brennt sogar in den Ställen elektrisches Licht.«[14]

Die Diskrepanz zwischen altem und neuem Wohnort der polnischen Siedler wurde umso deutlicher, als der kommunistische Staat mit seinem Programm der Bevölkerungsverteilung die bestehenden gesellschaftlichen Strukturen zu ändern suchte, insbesondere den Landadel auslöschte, den Einfluss der Eliten einschränkte und die Arbeiterklasse förderte. Aufgrund dieser Bestrebungen und in bestimmtem Maße auch aufgrund des organisatorischen Durcheinanders kam es häufig vor, dass Intellektuelle, Freiberufler und Einwohner größerer Städte auf Bauernhöfe transferiert und Bauern, manchmal zusammen mit ihrem Vieh, Wohnungen in der Stadt zugeteilt bekamen. Lehrer, Buchhalter und Schneider, die nie auf dem Feld gearbeitet hatten und keine Erfahrung mit der Führung eines landwirtschaftlichen Betriebs hatten, sahen sich mit größeren Anbauflächen konfrontiert. Gleichzeitig fanden sich Bauern mit Ziege und Kuh in einer städtischen Umgebung wieder, in der Tierhaltung unmöglich war. Dieses Phänomen beförderte das ambivalente Verhältnis der Neusiedler zu den Westgebieten deutlich.

Vor diesem Hintergrund ist der Bezug deutscher Häuser als erste Etappe der Eingliederung in die neue Umgebung zu betrachten. Die deutschen Wurzeln der Region konnten hierbei nicht ignoriert werden, und die Neusiedler waren gezwungen, sich der materiellen Entfremdung in ihrem Alltag zu stellen. Dieser Prozess war weitgehend geprägt von der wirtschaftlichen Not, in der sich die meisten Siedler nach dem Krieg befanden, und vom Ende der Illusion einer Rückkehr in die ehemals polnischen Ostgebiete. Die Nachricht über die Übereignung des östlichen Grenzlandes an die Sowjetunion erwies sich als zweischneidiges Schwert. Sie war verheerend für die Moral der meisten Neusiedler, andererseits bedeutete sie eine größere Klarheit bezüglich ihrer Zukunft in den Westgebieten. So empfanden viele den Erhalt von deutschen Besitztümern als Ausgleich für den Schaden, der ihnen beim Verlust ihrer Heimat entstanden war. Parallel zum Übergang von der abwartenden Haltung zur endgültigen Niederlassung gingen viele Neusiedler von der Weigerung, deutsches Eigentum anzunehmen, zur Mitwirkung an Plünderungen über, die bald zu einem prägenden Merkmal der neubesiedelten Region wurden.

Szaberplac (Plündererplatz) – Inbesitznahme, Plünderung und Raub in allen Nuancen

Plünderungen waren in Polen sowohl während des Kriegs als auch danach verbreitet. Bereits in den frühen 1940er Jahren wurde die polnische Bevölkerung in Untergrundzeitungen wiederholt vor dem sich ausbreitenden Phänomen gewarnt und dazu aufgerufen, Plünderungen zu unterbinden und die Täter zu verurteilen.[15] Der im damaligen polnischen Diskurs verwendete Begriff *szaber*, der aus der jüdischen Gaunersprache abgeleitet und hebräischen Ursprungs war, meinte in der Regel die Inbesitznahme verlassenen oder aufgegebenen Eigentums. Obwohl der Begriff nie genau abgegrenzt wurde, war dafür offenbar der Umstand entscheidend, dass die betroffenen Eigentümer abwesend waren. Oft gingen die Taten mit der völligen Zerstörung des geplünderten Objekts einher. Viele betrachteten diese Erscheinung als Ausdruck der politisch-sozialen Krise während des Kriegs, zu dessen Folgen auch beträchtliches herrenloses Eigentum zählte, das zum größten Teil Plünderern in die Hände fiel. Große Plünderungswellen ereigneten sich besonders nach einschneidenden Ereignissen wie dem Einmarsch fremder Mächte, Deportationen oder Kämpfen; sie waren während des Kriegs aber auch eine alltägliche Erscheinung.

Die erste Plünderungswelle fand bereits 1939 im Chaos statt, das die Überfälle Deutschlands und der Sowjetunion auf Polen ausgelöst hatten. Der Zusammenbruch des polnischen Staates, die Flucht der politischen Elite und der Zerfall der öffentlichen Ordnung führten zum raschen Verlust gesellschaftlicher Normen und zu einer Atmosphäre der Recht- und Straflosigkeit in allen Bevölkerungsschichten. Die dramatische Verschlechterung der Lebensbedingungen, etwa die Ausbreitung von Armut, Hunger und Krankheiten, zwang vielen Menschen »alternative« Strategien der Existenzsicherung auf. Im ländlichen Raum wie auch in Städten fielen Plünderer über verlassene Geschäfte, Lagerräume und Privatwohnungen her, erbeuteten Lebensmittel, Kleider und Möbel, Geld und Wertsachen, Waffen und Munition, praktisch alles, was zum Überleben hilfreich war. Ähnliches spielte sich in den Ostgebieten nach dem deutschen Überfall auf die Sowjetunion 1941 ab.

Unrechtmäßige Inbesitznahme von Eigentum war auch ein fester und wichtiger Bestandteil der antijüdischen Vernichtungspolitik der Nationalsozialisten, die sogar eigene Verwertungsstrukturen aufbauten. Daran waren nicht nur Beamte der Besatzungsmacht, sondern auch Teile der lokalen Bevölkerung beteiligt. So gingen etwa Geschäfte und Handwerksbetriebe aus jüdischem Besitz an nichtjüdische Partner beziehungsweise Mitarbeiter über oder wurden weit unter Wert verkauft. Das systematische Vorgehen wurde von einzelnen Plünderungsaktionen durch Ortsansässige begleitet, die in der Judenverfolgung eine Gelegenheit zur persönlichen Bereicherung sahen. Bei Deportationen in Ghettos oder Vernichtungslager war das Eigentum der Deportierten oft schon von den Nachbarn geplündert worden, bevor Beamte der Besatzungsmacht es sichern konnten. Das jüdische Eigentum war zudem während des Kriegs ein bedeutendes Motiv für Denunziationen, Mord und Pogrome in Polen. Nach dem Verschwinden der jüdischen Bevölkerung gingen deren Wohnungen, Hausrat, Geschäfte und Betriebe, Grundstücke und anderes Eigentum oft an nichtjüdische Polen über. Manchmal fanden Eigentumsübertragungen nach gesetzlichen Vorgaben statt, manchmal wurden aber auch durch Besitzergreifung Fakten geschaffen. Legenden von »jüdischem Gold« überdauerten den Krieg, sodass etwa auch später Massengräber teils nach Wertsachen durchwühlt wurden.

Beim Vormarsch der Roten Armee 1944 und 1945 wurde das Land von einer weiteren Plünderungswelle überrollt, die auch die neuen Westgebiete Polens erreichte. Damit wurde Niederschlesien ebenfalls zu einem bevorzugten Betätigungsfeld für Banditen und Plünderer. Der Historiker Marcin Zaremba erkennt bemerkenswerte Muster und Kontinuitäten im Vorgehen und stellt fest, dass oft dieselben Personen, die während des Kriegs jüdisches Eigentum plünderten, es nach Kriegsende auf deutsches abgesehen hatten.[16] Doch sie waren nicht die Einzigen. In Niederschlesien beteiligten sich große Teile der Bevölkerung am systematischen Plünderungswerk, das nicht nur Kriminelle anzog, sondern auch ganz normale Bewohner und solche, die mit den harten Lebensbedingungen und dem umfassenden Mangel an nahezu allem – an Nahrungsmitteln, Kleidern, Schuhen, Möbeln oder Medikamenten – zu kämpfen hatten. Während das deutsche Eigentum für viele der allerletzte Ausweg war, erkannten andere rasch ein lukratives Geschäftsmodell, wie Neusiedler Jan Kurdwanowski schreibt:

> »Der typische Plünderer, mit einem leeren Sack über die Schulter geworfen, machte sich nach dem morgendlichen Aufguss aus Pfefferminzblättern auf den Weg. Er ging von Haus zu Haus und erspähte die wertvollsten und leichtesten Gegenstände. [...] Wenn er auf einen Ledersessel traf, holte er ein Messer hervor, schnitt sich ein Stück Leder ab und steckte es in den Sack. Man könnte denken, er würde nach Hause zurückkehren, wenn der Sack gefüllt war. Doch nein, er machte weiter, trotz der Last, die er auf seinem Rücken trug, in der Hoffnung etwas noch Besseres zu finden, was er in der Regel auch fand. Wenn das Leder auf einem anderen Sessel prächtiger aussah, schnitt sich der Plünderer erneut ein großes Stück vom Bezug ab und warf das vorherige weg. So änderte sich der Inhalt seines vollen Sacks allmählich.«[17]

Kriminelle Aktivitäten führten zu weiterer Zerstörung von Sachwerten und Infrastruktur in den Westgebieten. Sie gefährdeten nicht nur das Eigentum, sondern auch die Sicherheit der Bewohner, und die Angst vor Plündererbanden wurde Teil des niederschlesischen Alltags. Neusiedler wie auch deutsche Bewohner litten nicht nur unter Einbrüchen, sondern wurden auch direkt angegriffen. »Hier [...] pflegten die Plünderer Häuser zu überfallen und sie komplett leer zu räumen«, schildert Tadeusz Schima, Bewohner von Nowa Ruda (Neurode), seine Erlebnisse in den ersten Monaten nach Kriegsende. »Jeder musste aufpassen. Nicht selten hörten wir nachts Schreie von Deutschen – Hilfe! Sie schrien ohne Unterbrechung.«[18]

Eine typische Erscheinung in den Westgebieten jener Zeit waren die sogenannten Plündererplätze (poln. *szaberplac*), Straßenmärkte, auf denen die Beute veräußert wurde. Diese Märkte waren auch ein Spiegelbild der Gesellschaft. Hinter den notdürftigen Verkaufsständen waren polnische und sowjetische Soldaten, die vor ihrer Demobilisierung noch etwas Geld verdienen wollten, sowie Angehörige der lokalen Bevölkerung und Bewohner entfernterer polnischer Gegenden zu finden. Vereinzelt waren unter den Verkäufern auch Deutsche anzutreffen, die ihr Eigentum verkauften oder gegen Lebensmittel eintauschten. Die Kundschaft bestand vor allem aus Neusiedlern, die dringend Benötigtes kaufen oder eintauschen wollten. Lärm, Gedränge und ein steter Strom von Menschen vor dem Hintergrund der kriegsversehrten Landschaft dominieren die Erinnerung an solche Plätze, wie Neusiedler Michał Sobków berichtet:

»Wir fahren auf einem Karren durch Wrocław. Die Stadt ist komplett zerstört. [...] Auf der anderen Seite der Brücke sieht man Tausende Menschen auf einem riesigen Platz. Es stellt sich heraus, dass es ein gewöhnlicher Markt ist, voller Waren. So etwas habe ich in meinem Leben noch nicht gesehen. Unser Begleiter sagt, das sei der *szaberplac*. Die Mauern der Ruinen sind dicht plakatiert: ›Der Pionier baut – der Plünderer zerstört‹. Was ist mit Plünderer [*szabrownik*] gemeint, frage ich. ›Dieb‹, höre ich als Antwort. Ich habe noch nie so viele Diebe auf einem Platz versammelt gesehen. Die kommen offenbar aus ganz Polen oder vielleicht auch von außerhalb, es kann ja nicht sein, dass es so viele Kriminelle in einem Land gibt, denke ich. Es macht mir Angst, dass wir mit solchen Leuten zusammenleben werden müssen.«[19]

Aber auch Menschen, die zunächst ethische Vorbehalte hatten, mischten sich unter die Plünderer. Im ersten Jahr der polnischen Herrschaft in Niederschlesien verschärfte sich der allgemeine Mangel noch einmal, nachdem durch Schäden an Industrie- und Landwirtschaftsbetrieben besonders in den Kämpfen der letzten Kriegsmonate die Produktion erheblich einbrach. Der Wiederaufbau der Infrastruktur und die Neueröffnung von Betrieben erforderten Zeit und Mittel in beträchtlicher Höhe, die den meisten Neusiedlern nicht zur Verfügung standen. Unter diesen Umständen war die Nachfrage nach Gütern des Grundbedarfs signifikant größer als das Angebot. Von dieser Knappheit zeugt etwa die Gehaltsabrechnung von Bolesław Drobner, dem ersten Bürgermeister des polnischen Wrocław. Für seine dreimonatige Amtszeit erhielt Drobner demnach eine bestimmte Summe, dazu »fünf Liter Wodka, 100 Kilogramm weißen Zucker, 100 Kilogramm Mehl, 30 Dosen Konserven und Kompott, Kakao, Kaffee, drei Meter Tuch für Kleider, ein Klavier, zwei Diwane, Kristallgläser, Porzellan, Glas, Kochgeschirr, ein elektrisches Bügeleisen, eine Bettdecke, ein Radiogerät, eine Nähmaschine, schließlich Handtücher und Bettzeug«.[20] Als Drobner im Juni 1945 seine Amtszeit beendete, waren Güter des täglichen Bedarfs besonders bei Neusiedlern stärker gefragt als Bargeld.

Während der offizielle Handel in den Westgebieten in der ersten Zeit nach dem Krieg kaum in Gang kam, existierte außerhalb staatlicher Kontrolle ein umfänglicher Schwarzmarkt. Behördenvertreter in Niederschlesien versuchten, diese informellen Aktivitäten einzudämmen. Am 22. Februar 1946 erließ der Minister für die Wiedergewonnenen Gebiete ein Dekret, das die Ausfuhr von Gütern aus der Region untersagte. Das Verbot galt für deutsches und verlassenes Eigentum »und insbesondere für alle Gegenstände einer Hauswirtschaft (wie Haushaltsgeräte oder Geschirr), die für den Bedarf von Repatrianten und Neusiedlern bestimmt sein sollten«.[21] In Ausnahmefällen war der Gütertransfer mit einer staatlichen Sondergenehmigung möglich. Um das Verbot durchzusetzen, wurden spezielle Einheiten der Polizeistreife aufgestellt mit dem Auftrag, verlassene Häuser, Plätze, Straßen und Bahnhöfe zu überwachen. Schmuggel von fremdem Eigentum wurde mit hohen Geldstrafen belegt, sogar mit Haft in einem Arbeitslager. Gleichzeitig fand die Propagandakampagne statt, die Neusiedler zum Widerstand gegen Plünderungen aufrief. Die Wirkung dieser Maßnahmen war jedoch sehr beschränkt. Die Kultur des Plünderns hatte sich bereits ausgebreitet: in privaten Höfen, wo Nachbarn untereinander Handel trieben, in Postämtern, die zu Schaltstellen des Schmuggels zwischen Städten wurden, und in Amtsstuben lokaler Beamter, die gegen Bestechungsgeld falsche Genehmigungen erteilten und kein Interesse daran hatten, gegen Plünderer vorzugehen. Im Gegenteil betätigten sich nicht wenige Beamte selbst als Plünderer. Auf das gewaltige Ausmaß dieser Erscheinung in Beamtenkreisen deutet die heftige Kritik der Kontrollabteilung im Ministerium für die Wiedergewonnenen Gebiete an der Zweigstelle des Hauptamts der Provisorischen Staatsverwaltung in Jelenia Góra (Hirschberg im Riesengebirge): Die Buchhaltung werde »nach den persönlichen Wünschen des Amtsleiters […] und ausschließlich nach seinen privaten Interessen geführt«, heißt es in einem Aktenvermerk vom März 1946. »Güter, die er von anderen Zweigstellen in der Region angefordert hatte, wurden vom Büro der Zweigstelle nie registriert. Er behielt sie offensichtlich für sich.« Der Überprüfung zufolge fanden sich große Unregelmäßigkeiten nicht nur in der Buchhaltung, sondern auch in der treuhänderischen Verwaltung: Etwa die Hälfte des deutschen Eigentums sei an die Mitarbeiter der Zweigstelle übertragen worden, heißt es im Aktenvermerk weiter:

»[W]as den Grundbesitz anbelangt, schenkte er [der Amtsleiter] sich selbst einige Gebäude und stellte dafür falsche

Bescheinigungen auf fiktive Namen aus. Er verfügte über einige undeklarierte Warenlager mit unregistriertem deutschem Eigentum, das später Dritten verkauft wurde. Die Einnahmen solcher Verkäufe flossen offenbar in seine Tasche. Er stellte nicht nur falsche Ausfuhrgenehmigungen für Güter aus den Wiedergewonnenen Gebieten aus, [...] sondern schmuggelte auch selbst einige Güter nach Kielce.«

Zusammenfassend hielten die Prüfer fest, die Verwaltung des deutschen Eigentums sei »als nicht weniger erschütternd einzustufen«; dieses Verhalten dauere bereits ein Jahr an und noch sei keine Klage gegen den Amtsleiter eingegangen. »Angesichts dieses Zustands stellt sich die Frage, was die lokalen Behörden in Niederschlesien eigentlich tun und warum sie gegen den Amtsleiter [...] in einer für unseren Staat so wichtigen Stadt wie Jelenia Góra nichts unternehmen.«[22]

Unterschieden sich die Plünderungen durch Neusiedler von denen in anderen Landesteilen Polens oder während des Kriegs? Die Vorgehensweise war überall ähnlich. In allen Fällen handelte es sich um Aneignung von Eigentum, das als herrenlos angesehen wurde. Die Gründe hierfür – Zerfall der sozialen und staatlichen Ordnung, Armut und Mangelwirtschaft, aber auch Opportunismus und Karrieredenken – waren zwischen 1939 und 1945 dieselben wie danach. Auch der Verfall von Normen und Werten dauerte nach dem Krieg an und trug den neuen polnischen Gebieten die Bezeichnung »Wilder Westen« ein. Für die Plünderungen hier scheint es aber doch noch ein paar besondere Motive gegeben zu haben. Ein erstes war die mythische Darstellung dieser Gebiete in der staatlichen Propaganda, deren Zweck es war, die Region für Neusiedler attraktiv zu machen. Sie stimmte die Bevölkerung auf die kollektiven Plünderungen ein und weckte bei vielen Menschen große Erwartungen an Niederschlesien, das als Land mit reichen Ressourcen und bester Infrastruktur so zahlreiche Möglichkeiten für Karriere und ein gutes Leben biete. Tatsächlich war der Aufbau einer neuen Existenz auch in dieser Region, besonders in der ersten Zeit nach dem Krieg, schwer genug. Abgesehen von Versorgungsschwierigkeiten in allen Lebensbereichen lasteten die Unbeweglichkeit staatlicher Ämter, Korruption und Kriminalität selbst auf den größten Enthusiasten unter den Neusiedlern schwer. Der Regierungsbevollmächtigte für Niederschlesien Jerzy Zubek nannte in seinem Bericht vom August 1945 an die Warschauer Behörden die Ernüchterung der Neusiedler als einen Hauptgrund für die Plünderungen:

»Die Propaganda hat Niederschlesien als ein Land dargestellt, in dem Milch und Honig fließen. Sie schrie, dass offene Luxusvillen samt Einrichtung und ganzer Ausstattung auf diejenigen warteten, die sie gütigerweise in Besitz nehmen wollten, dass es von allem genug gebe, man nur dort hinfahren und es sich nehmen bräuchte. Die Menschen sind mit dieser Einstellung in dieses Wunderland gefahren – und wurden hier enttäuscht. Es gibt zwar Villen, die sind aber von den Deutschen besetzt, es gibt Verpflegung, aber in Kantinen. Sie wollten alles haben und zwar sofort, weil die Zeitungsartikel es ihnen versprochen haben, und hier ... Deshalb begann man zu plündern, auch, um nicht mit leeren Händen zurückzukehren, und damit hat es angefangen. In der schlechten, ungeschickten Propaganda steckt der Keim der Plünderungen.«[23]

Ein weiteres Motiv waren die unklaren Besitzverhältnisse, besonders im Hinblick auf das Privateigentum. Diese Unklarheiten ergaben sich vor allem aus der Verstaatlichungspolitik, aber auch durch das Besiedlungswerk selbst, das den traditionellen Eigentumsbegriff infrage stellte. Die Unterschiede zwischen Eigentums-, Besitz- und Nutzrecht, zwischen Kriegsbeute, Requirierung und Beschlagnahme einerseits und Diebstahl andererseits verloren ihre gewohnte Bedeutung, wie Jan Kurdwanowski aus Legnica feststellte:

»Es gab kein Privateigentum, das zwischenmenschliche Beziehungen vergiftete. Alles gehörte allen und gleichzeitig niemandem. Man konnte in Besitz nehmen, ohne jemandem etwas wegzunehmen. Man konnte Dinge zerstören, ohne fremdes Eigentum zu zerstören. [...] Fast alle plünderten verlassenes Eigentum, es gab gar kein nicht verlassenes Eigentum.«[24]

In den Westgebieten schien das Eigentum seine grundlegendste Eigenschaft eingebüßt zu haben: die Verbindung zu einer bestimmten Person. Das Ausbleiben dieser Verbindung trat nicht erst mit dem physischen Verschwinden der Besitzer ein, sondern bereits mit der Erwartung dieses Zustands. In manchen Fällen hielten sich die deutschen Bewohner noch vor Ort auf, dennoch wurde ihr Eigentum bereits als verlassen und verfügbar erachtet. Die aufgehobene Verbindung zwischen Eigentum und (deutschem) Eigentümer führte zu einer radikalen Änderung der Normen. Plünderung war ein deutlicher Ausdruck dieses Wandels und fand im Laufe der Zeit sogar soziale Akzeptanz. In den Augen vieler Neusiedler waren Plünderungen etwas ganz anderes als Diebstahl und Raub, denn stehlen oder rauben konnte man nur das Eigentum anderer Menschen, doch in den Westgebieten existierten jene anderen – die deutsche Bevölkerung – im öffentlichen Diskurs nicht mehr, ihre Eigentumsrechte waren aufgehoben. So entstand ein Vakuum, in dem ein Eigentumstransfer als natürliche Folge geschichtlicher Ereignisse verstanden wurde.

Aus dieser Sicht ist leichter zu verstehen, weshalb die Neusiedler Soldaten oder Bewohner zentraler Landesteile heftig dafür verurteilten, dass sie die deutschen Bewohner überfielen, sie grausam behandelten und ausraubten, während sie selbst gemäß der landläufigen polnischen Redensart »gefunden ist nicht gestohlen« das Plündern als legitim, als mutig und als Ausdruck von Initiative begriffen. Diese Unterscheidung ist nicht zwangsläufig als Doppelmoral, Rechtfertigungsversuch oder Ausdruck des Konkurrenzkampfes zwischen verschiedenen Neusiedlergruppen zu werten, sondern überwiegend auf die grundlegende Veränderung des Status des deutschen Eigentums in Polen in der damaligen Zeit zurückzuführen. Sie zeigt sich sehr deutlich in einem Zeitzeugenbericht von Stanisław Nosal über Raubüberfälle auf das ihm zugeteilte Haus in Jugowice (Hausdorf):

> »Aus Wałbrzych kamen jeweils Soldaten, Beamte und verschiedene Leute aus Zentralpolen zu mir. Sie streiften im Haus umher, wählten Gegenstände aus – einmal einen Schrank, ein anderes Mal eine Uhr – und forderten mich auf, sie ihnen herauszugeben. Aber warum bin ich dazu verpflichtet, ihnen etwas von meinem Hausrat abzugeben? Das waren Räuber, Diebe, die hatten überhaupt kein Anrecht auf gar nichts. Beim dritten Mal beschloss ich, Dinge zu verstecken, unter anderem die Uhr. Ich sagte ihnen, sie sei nicht da. Ich hätte sie gefunden, sie sei mein Andenken, [...] sie gehöre mir.«[25]

Es gab auch Fälle von Plünderungen durch Neusiedler, die von Feindseligkeit und von Rachegefühlen für die Jahre der deutschen Besatzung geleitet waren. Die deutsche Bevölkerung in den Westgebieten wurde von den polnischen Behörden kaum vor Rache geschützt. Nach einer langen Zeit des erniedrigenden, lähmenden politischen Terrors boten sich Zerstörung und Raub deutschen Eigentums nicht selten als Reaktion auf traumatische Kriegserlebnisse oder die Zwangsumsiedlung an, als Möglichkeit, um Stärke, Kontrolle und Handlungsfähigkeit zurückzugewinnen. In der unmittelbaren Nachkriegszeit fanden solche Racheakte gegen Deutsche in ganz Polen statt. Kollektive Entladungen von Zorn gegen vermeintliche und tatsächliche Überreste der NS-Besatzung beschränkten sich jedoch nicht auf Plünderungen, sondern zeigten sich bei Lynchjustiz gegen mutmaßliche Kollaborateure, bei der Beseitigung von Spuren der deutschen Herrschaft und auch in der Anwesenheit großer Menschenmengen bei öffentlichen Hinrichtungen ehemaliger Angehöriger des Personals von Konzentrations- und Vernichtungslagern. Dabei darf nicht vergessen werden, dass manche Neusiedler aus dem östlichen Grenzland die deutsche Besatzung anders erlebt hatten als die Bewohner Zentralpolens (der sogenannte Warthegau und das Generalgouvernement) mit seinem besonders brutalen Besatzungsregime. Nicht wenige polnische Bewohner des Ostens hatten die deutsche Besatzung zunächst als gewisse Erleichterung empfunden im Vergleich zu den Deportationen und Verfolgungen durch die Rote Armee, den Gewalttaten ukrainischer Nationalisten oder verglichen mit dem allgemeinen Chaos, das die Ostgebiete in der Zeit der sowjetischen Herrschaft prägte. Diese Einsicht vermittelt etwa der Zeitzeugenbericht von Maria Kawińska aus Obertyn im ehemaligen polnischen Kreis Stanisławów (heute Ivano-Frankivsk Oblast, Ukraine), die im Sommer 1941 die einmarschierende Wehrmacht als »sehr höfliche, saubere und kultivierte Armee« erlebt hatte.[26] Im Gegensatz zu den jüdischen Dorfbewohnern, für die die deutsche Herrschaft die Vernichtung bedeutete, sahen sich Menschen wie Maria Kawińska durch den deutschen Einmarsch zwar mit einer neuen Besatzung konfrontiert, die jedoch den Terror der sowjetischen Machthaber beendete und Hoffnung auf mehr Sicherheit brachte. Obwohl also das Verhältnis der polnischen Neusiedler zur deutschen Bevölkerung in Niederschlesien weitgehend von der individuellen Erfahrung im Krieg bestimmt war, wird nachfolgend gezeigt, dass ihr Verhältnis allgemein viel besser war, als es die staatliche Propaganda darstellte.

Das traf insbesondere für jene Neusiedler zu, die gezwungen waren, gemeinsam oder benachbart mit der zur Aussiedlung bestimmten deutschen Bevölkerung zu wohnen. In solchen Fällen stand die verordnete Tilgung alles Deutschen aus dem öffentlichen Diskurs in scharfem Gegensatz zu deren prägnanter Präsenz im Alltag, die beim Transfer des deutschen Eigentums an die Neusiedler eine entscheidende Rolle spielte. Oft führte die Entwicklung solcher nachbarlichen Beziehungen zu der paradoxen Situation, dass einerseits deutsches Eigentum benutzt und auch einiges geplündert und andererseits bei den deutschen Bewohnern um ein gewisses Einverständnis dafür geworben wurde. Das sollte der Enteignung mehr Legitimität verschaffen und es ermöglichen, mit Begriffen wie »Geschenk« oder »Erbe« zu operieren, obwohl es angesichts der bevorstehenden Zwangsaussiedlung oft keine Alternative zu einem solchen »Einverständnis« gab. So berichtete etwa die Neusiedlerin Danuta Kosińska aus Wolhynien von der Übernahme deutschen Eigentums in Krzyż Wielkopolski (Kreuz):

»Im weißen Haus neben dem Feld wohnte eine Deutsche [...]. Als sie erfuhr, dass sie verschickt wird, kam sie zu uns [...] und meinte, ihre Tochter hätte demnächst heiraten sollen [...] und wollte uns das Brautkleid und alle anderen Utensilien [für die Hochzeit] überlassen. Meine Schwester sagte ihr, sie hätte keinen Bedarf, da sie im Moment nicht ans Heiraten denke. Daraufhin bot uns die Deutsche ihr Haus an [...] und den Karren und alles, was sie auf ihrem Hof vergraben hatte ... alle möglichen deutschen Geräte, schöne Geräte. Meine Mutter nahm die Geräte, um sie zu verkaufen [...], doch schließlich zogen wir nicht dort ein, weil das Haus zu abgelegen war.«[27]

Eine solche Koexistenz verwob Nutzung, Verleih, Aneignung, Plünderung, Schmuggel, Verstecken und Erhalt unzertrennlich miteinander. Die Auflösung klarer Eigentumsverhältnisse schien ihr Gegenbild in der Auflösung der Grenzen zwischen diesen verschiedenen Formen des Umgangs mit dem deutschen Eigentum gefunden zu haben, wie auch die Geschichte von Adolf Juzwenko zeigt, der mit seinen Eltern mehr als ein Jahr mit einer deutschen Familie zusammen in deren Haus in Strzelce Świdnickie (Strehlitz) wohnte. In jener Zeit nutzten sie gemeinsam die Haushalts- und Landwirtschaftsgeräte der deutschen Familie. Das führte dazu, dass keine Seite Anspruch auf dieses Eigentum erhob. Die Deutschen verhielten sich so, als sei es bereits an die polnischen Bewohner übergegangen, und Juzwenkos Eltern wollten sich in Gegenwart ihrer deutschen Mitbewohner nicht frei daran bedienen. Ein Tag, bevor die Deutschen das Dorf verlassen mussten, »kam die deutsche Hausbesitzerin Maria zu meinen Eltern und fragte, was sie mitnehmen dürfe«, erzählt Juzwenko. »›Alles‹, sagte meine Mutter, ›alles hier hat immer Dir gehört, nicht mir. Ich weiß, wie Du Dich heute fühlst, weil ich auch mein Haus zurücklassen und fliehen musste. Nimm mit, was Du willst und wie viel Du kannst.‹« Die deutsche Familie habe nicht viel mitgenommen, »denn was passt schon in ein paar Bündel. Nach ihrer Abreise nutzten wir die deutschen Maschinen.«[28]

Ein anderer Bereich, in dem Plünderungen in die Nähe legitimer Handlungen gerückt wurden, war die Rettung deutschen Kulturguts vor Kriegszerstörung oder Polonisierung. Manche Neusiedler, insbesondere Wissenschaftler und Kulturinteressierte, erkannten den historischen Wert des verbliebenen deutschen Kulturguts und setzten sich oft für dessen Rettung ein, selbst wenn solche Bemühungen der offiziellen staatlichen Politik zuwiderliefen. Über diesen Widerspruch berichtet etwa Zbigniew Żaba, der 1946 in einem Amt der schlesischen Provinzverwaltung (Urząd Wojewódzki) in Wrocław arbeitete und Zeuge der »kulturellen Säuberung« war, als bei einer Gebäudesanierung absichtlich alte Archivbestände vernichtet wurden:

> »Als eine Gruppe von Arbeitern mit der Renovierung des beschädigten Hausflügels begann, sah ich, wie die Dokumente zusammen mit dem Schutt und Müll in den Innenhof geworfen und anschließend verbrannt wurden – als Hinterlassenschaft des Feindes, die es um jeden Preis zu vernichten gilt. Ich hob irgendein Heft vom Boden auf und warf einen Blick darauf. Es handelte sich um Geheim-

berichte von Schulleitern zur Verdrängung der polnischen Sprache in Niederschlesien. [...] Wie viele kostbare historische deutsche Quellen gingen für immer verloren? [...] Wie viele wurden im Krieg zerstört und wie viele durch unerbittlichen, sinnlosen, blinden Hass? [...] Ich sah, wie Kunstwerke, alte Parkanlagen, historische und kulturelle Denkmäler zerstört wurden. All das wurde mit einer pseudopatriotischen Begeisterung vollzogen und mit dem Gefühl, pflichtgemäß lauthals Rache am ›besiegten Feind‹ geübt zu haben.«[29]

Tatsächlich gelang es Neusiedlern nicht selten, Überreste des deutschen Erbes vor der Vernichtung zu retten. Bei Kriegsende sammelten sich besonders viele solche Überreste in Niederschlesien an, das wie andere Randregionen des Deutschen Reichs von der NS-Führung zur sicheren Aufbewahrung zahlreicher deutscher Kunstsammlungen, Bibliotheken und Archive wie auch von Beutekunst aus ganz Europa bestimmt worden war. Kulturschätze aus Breslau, Berlin, Görlitz, Dessau, Hamburg usw. wurden daraufhin in Kirchen, Schlössern, Schulen, Lagerhallen und Büroräumen schlesischer Dörfer und Kleinstädte versteckt, in unterirdische Anlagen gebracht, in der Erde vergraben oder in Gewässern versenkt. Hinzu kamen noch lokale Sammlungen, sofern sie den Krieg überdauert hatten. In den Jahren 1945 und 1946 führten die polnischen Behörden breit angelegte Suchaktionen in den neuen Westgebieten durch, die darauf abzielten, Gegenstände aufzufinden, die von den Nazis aus polnischen Museen entwendet worden waren. Doch an vielen Orten entdeckten die Neusiedler Kulturschätze, lange bevor offizielle Vertreter eintrafen. Natürlich konnten sie die Gegenstände nicht immer identifizieren oder ihren Wert einschätzen. In zahlreichen Tagebüchern und Zeitzeugenberichten erwähnen Neusiedler Skulpturen, Gemälde, Bücher und andere Gegenstände, die sie bei ihrer Arbeit oder in der Freizeit zufällig entdeckt hatten. Einiges wurde als Souvenir mitgenommen, anderes gemeldet, doch auch die Behörden wussten nicht immer, wie sie damit umgehen sollten. So geschah es, dass Sammlungen zwar vor Zerstörungen im Rahmen der Polonisierung bewahrt wurden, sich jedoch weithin zerstreuten, sodass sich ihre Spur verlor. Der Gymnasiallehrer Cyryl Priebe aus Drezdenko (Driesen) in der nördlich an Niederschlesien angrenzenden Woiwodschaft Lebus berichtete von der Entdeckung einer deutschen Bibliothek in seinem Ort:

»In dieser Zeit erhielt ich auch die Nachricht, dass eine große, wertvolle deutsche Bibliothek entdeckt worden war. Tatsächlich fanden sich in den Schuppen auf dem Innenhof eines Mietshauses einige Dutzend sorgfältig ausgekleideter Kisten voller Bücher, die jeweils einzeln in Papier eingeschlagen waren. Man hatte die deutsche Kultur vor den Bombardierungen der Alliierten schützen wollen. Ich stellte mit Sorge fest, dass einige Kisten schon geöffnet worden waren; in einer von ihnen fanden wir Überreste von Ledereinbänden. Am nächsten Tag öffnete man ein paar weitere Kisten, und die Bücher wurden auf einen Haufen geworfen. Es befanden sich ältere Ausgaben von Goethe und Schiller darunter, Werke von antiken Dichtern und Philosophen, alte Lehrbücher der Rechtswissenschaften, Theologie und anderer Gebiete. Auch die komplette Gesamtausgabe von Shakespeare auf Englisch und von Molière auf Französisch, Wörterbücher und Enzyklopädien. Es gelang mir, den Bürgermeister davon zu überzeugen, einen Wächter abzustellen. Inzwischen fuhr ich nach Poznań und meldete den Fund der Leitung der Universitätsbibliothek. Nach einer gewissen Zeit wurde die Hälfte der Bücher nach Poznań überführt, der Rest wurde als weniger wichtig eingestuft. Bei der Hälfte des übrig gebliebenen Teils handelte es sich um wertlose Propagandabroschüren. Wer aus dem Bekanntenkreis wollte, nahm sich die Bücher, die ihn interessierten. Den Rest brachte ich mit einem Wagen in einen separaten Raum im Internat.«[30]

In Wrocław trug die Initiative zur Bewahrung der deutschen Kultur in Verbindung mit der Gründung einer neuen Universität in der Stadt ganz offizielle Züge. Anfang Mai 1945 traf dort eine Gruppe von Professoren der Universität Lwów ein, die den Krieg im Krakauer Exil überstanden hatten. Ihr Leiter war Professor Stanisław Kulczyński, der zum ersten Rektor der polnischen Universität Wrocław ernannt wurde. Diese Gelehrten handelten als Teil der polnischen Stadtverwaltung und hatten in erster Linie die Aufgabe, den Besitz der lokalen Wissenschafts- und Kulturinstitutionen zu schützen. Sie beschäftigten sich mit der Lokalisierung und dem Schutz von wissenschaftlichem Gerät und Kulturgut, das zukünftigen polnischen Forschungseinrichtungen zur Verfügung stehen sollte. Am Anfang zählte die Gruppe 26 Personen, bald stellte sich jedoch heraus, dass sie zu klein war, um die Aufgabe zu bewältigen, worauf als eine weitere Gruppe die Akademische Wache (Straż Akademicka) gegründet wurde, deren Aufgabe darin bestand, Gebäude zu bewachen, in denen universitäre und andere akademische Einrichtungen Platz finden sollten. Dieser Gruppe gehörten vor allem junge Leute an, die ihre Studien in den Westgebieten beginnen oder fortsetzen wollten. Es handelte sich um die erste Studentenorganisation der Stadt nach dem Krieg. Die jungen Wächter wurden bewaffnet und schützten in der ganzen Stadt verteilte Wissenschafts- und Kulturinstitute vor Plünderern. Im August 1945 standen etwa achtzig Gebäude unter ihrem Schutz. Das hinderte manche dieser Wächter allerdings nicht daran, sich selbst zu bedienen und etwa Lernhilfen, Bücher oder Papier zu entwenden, die damals in der ganzen Stadt Mangelware waren. Zdzisław Zieliński schildert die damalige Situation:

> »Wahre Schätze wurden in verlassene und aufgebrochene Wohnungen geworfen. Ihre Böden waren mit einer dicken Schicht von Büchern und Zeitungen bedeckt. [...] Ich habe davon manche Lehr- und Sachbücher mitgenommen, die mich interessierten. Da und dort stieß ich auf wunder-

schöne Bildbände. Manchmal konnte man auch ganze Enzyklopädien von Brockhaus oder Meyer einsammeln.«[31]

So muss es nicht erstaunen, dass unter diesen Bedingungen die ersten Studenten der Universität Wrocław, die ihre Tore im Herbst 1945 öffnete, vor allem mit Lehrbüchern studierten, die deutschem Eigentum entstammten und auf Deutsch verfasst waren.

Abgesehen von Hochschullehrern und Studierenden waren in Schlesien auch Bibliothekare, Archivare und diverse Sammler für polnische Kulturinstitutionen und die staatliche Verwaltung aktiv, etwa für das polnische Staatsarchiv, das bereits Anfang 1946 in Wrocław eröffnet wurde. Mit Sondergenehmigungen ausgestattet, suchten sie für den Aufbau von Sammlungen, Bibliotheken und Museen nach historischen Dokumenten. Nicht selten waren diese Personen entsprechend gebildet und mit der deutschen Kultur vertraut. So konnten sie unter Tausenden von Dokumenten, Büchern und anderen Gegenständen, die in den deutschen Institutionen verblieben waren, die Orientierung behalten. Dieser Vorteil besaß auch eine Kehrseite an den Stellen, wo diese Retter ihre Fachkenntnis nutzten, um bestimmte Kulturschätze für den privaten Gebrauch abzuzweigen, statt sie den staatlichen Institutionen zu übergeben. Andrzej Jochelson, Beamter der Rechtsabteilung der Stadtverwaltung von Wrocław seit deren Wiederaufbau, war am Aufbau einer Bibliothek seiner Abteilung beteiligt. In einem Tagebucheintrag gab er zu, dass er einen Teil der aufgefundenen Bücher direkt in seine Privatbibliothek eingebracht hatte: »ein Kommentar zum deutschen Zivilrecht (neuer als jene, die ich in den Buchhandlungen in Wrocław fand), einige Dutzend Lithografien von klassischen Gemälden, drei Bände über die Geschichte der Malerei, ein paar Reiseführer und drei, vier alte Karten. Eine kleine Ausbeute!«[32]

Eine ganz andere Gruppe von Plünderern waren Kinder. Obwohl sich diese Erscheinung sehr stark von der Plünderung oder Sicherung von Kulturgütern unterschied, zeugt auch sie vom Graubereich der ineinandergreifenden Praktiken der Aneignung deutschen Eigentums in den Westgebieten. Kinder in Niederschlesien wurden in dieser Hinsicht rasch zu zentralen Akteuren. In den ersten Monaten nach der Ankunft in den neuen Gebieten waren ihre Eltern oft komplett mit der Suche nach Familienangehörigen und dem Aufbau einer neuen Existenz beschäftigt, viele Kinder blieben deshalb sich selbst überlassen und streiften in der Gegend umher. Da sie weder Betreuung noch Spielzeug hatten, trafen sie sich in verlassenen deutschen Gebäuden, wo die »Schatzsuche« ein sehr beliebtes Spiel wurde. Oft kamen sie reich bepackt aus Verstecken, die sie in Geheimkammern, Dachböden und Kellern entdeckt hatten. Wiktoria Kwiatkowska erzählt, wie all ihre Bemühungen, solche Streifzüge zu unterbinden, komplett scheiterten:

> »Nach der Schule gingen meine Älteren wie die meisten anderen Kinder auf Streifzüge im Städtchen und brachten merkwürdige Gegenstände nach Hause mit. Mehr als ein Mal fanden sie in den Ruinen Dinge, die für sie neuartig waren – irgendwelche mechanischen Spielzeuge, abgestoßene Porzellanfiguren. Sie trugen auch deutsche Bücher, Atlanten und farbige Postkarten zusammen.«[33]

Als ehemaliger Teilnehmer solcher Streifzüge berichtet Ignacy Einhorn, wie die Fremdartigkeit leer stehender deutscher Häuser die Kinder anzog. Das Einbrechen in verlassene Häuser sei, wie das Essen der verbotenen Frucht im Paradies, jedes Mal von Neuem sehr aufregend gewesen: »Manchmal fühlten wir uns, meine Freunde und ich, wie Schatzsucher«, schildert Einhorn seine Streifzüge in Kłodzko, »ich werde nicht vergessen, wie ich *Mein Kampf* auf einem Stapel deutscher Bücher fand.«[34]

Obwohl Plünderungen unter Kindern nicht weniger verbreitet waren als bei anderen Gruppen, wurden sie bei ihnen in der Regel als harmlose Freizeitbeschäftigung abgetan. In manchen Fällen wurden Kinder aber auch dazu ermutigt oder angestiftet, vorzugsweise Lebensmittel und Gegenstände des täglichen Bedarfs nach Hause zu bringen, was besonders in der ersten Zeit nach dem Krieg, als in vielen Familien die Haupternährer fehlten, einen wichtigen Beitrag zum Überleben leisten konnte. Aleksander Pietraszko aus Zatonie (Seitendorf) erzählt über wertvolle Gegenstände, die Kindern in die Hände fielen, folgende Anekdote:

»Eines Tages sah ich auf der Straße Kinder einen elektrischen Staubsauger hinter sich herziehen. Ich fragte sie, was sie da zögen. ›Wir führen unser Hündchen spazieren‹, erzählten sie, ›aber er ist so böse, wie fürchterlich er knurrt, wenn Sie möchten, zeigen wir es Ihnen gleich, man muss ihn nur an den Strom anschließen. Dann heult er, dass die Funken fliegen.‹ ›Schon gut, ich glaube euch‹, sagte ich, ›aber falls ihr möchtet, gebe ich euch viel Geld für ihn, denn ich brauche ausgerechnet ein solches Hündchen.‹ Die Kinder waren einverstanden und ihre Eltern verkauften mir den nagelneuen Staubsauger sehr gern, da sie glaubten, gut darauf verzichten zu können.«[35]

Albert Gaszyński aus Świdnica (Schweidnitz) erinnert sich ebenfalls an eine Intervention Erwachsener:

»Bevor ich anfing, in die Schule zu gehen, waren Streifzüge durch unbewohnte Häuser und Ruinen ein interessantes Spiel für mich und meine Altersgenossen. [...] Bei einem dieser Streifzüge stießen wir in einem Gebäude in der Jagiellońska-Straße auf einen zugemauerten Eingang. Nachdem wir eine Öffnung hineingeschlagen hatten, entdeckten wir eine Halle mit vielen Regalen voller Metallgegenstände, die uns fremd waren. Am spannendsten waren die Kugellager, mit denen wir spielten und die einen großen Lärm machten, wenn wir sie über die Bürgersteige rollen ließen. Die Nachricht über unseren Fund erreichte rasch die Polizeiwache auf jener Straße. Von diesem Moment an war der Zugang zu unseren Schätzen verboten. Kurze Zeit darauf war das Gebäude vollständig geleert.«[36]

Auf den ersten Blick mögen diese Spiele nebensächlich erscheinen, doch sie hatten bedeutende Folgen für die Akklimatisierung der Kinder am neuen Wohnort. Einerseits machten sie sich durch diese Plünderstreifzüge gut mit ihrer neuen Umgebung vertraut, andererseits stießen sie dabei zum ersten Mal auf die materiellen Aspekte der deutschen Sprache und Kultur, sei es durch Bilder, Spielzeug, Bücher, Haushaltsgeräte, Büroartikel oder Möbel, die zu einem festen Bestandteil ihrer neuen Realität wurden. Stanisław Bereś, Sohn von Neusiedlern in Wrocław, charakterisiert die Situation in seinen Kindheitserinnerungen so: »Unsere ganze Welt, der ganze Kosmos unseres Alltags und selbst der Geschmackssinn, formte sich in der Umgebung von [deutschen] Gegenständen, Geräten und Formen und vom deutschen Geist geprägt, der irgendwo tief unter allem saß.«[37] Es kann also gesagt werden, dass bei manchen Kindern gerade an diesem Punkt die Integration des deutschen Kulturerbes ins neue Lebensumfeld einsetzte.

Das scheint auch für andere Formen von Plünderungen zu gelten. Während das Phänomen in der Regel im Kontext der Wirtschaftskrise und des sozialen Wertezerfalls nach dem Krieg angesiedelt wird, ist doch auch auf seine bedeutende Rolle bei der Eingewöhnung in Niederschlesien hinzuweisen. Die verschiedenen Formen solcher Aneignung – durch Menschen in großer Not, durch Kriminelle, durch intellektuelle Eliten oder eben durch Kinder und Jugendliche – ließen deutsche Gegenstände in den Alltag und den privaten Lebensraum der Neusiedler gelangen. Für viele waren diese Gegenstände die ersten Dinge, die sie am neuen Wohnort in Besitz nahmen. Dennoch waren beim Aufbau einer neuen

Existenz nicht nur materielle Güter entscheidend; auch die Deutschen, die noch in Niederschlesien lebten und auf ihre Vertreibung warteten, hatten einen prägenden Einfluss.

Zwischen Schicksals- und Lebensgemeinschaft: Hinter den Kulissen polnisch-deutscher Haushalte

Die Begegnung zwischen deutschen Bewohnern Niederschlesiens und polnischen Neusiedlern fand unter äußerst schwierigen Umständen statt, zum einen aufgrund der Kriegsereignisse und zum anderen aufgrund der Politik der neuen polnischen Regierung, die die deutschen Bewohner teils ignorierte und teils instrumentalisierte. In der Propaganda wurden die Wiedergewonnenen Gebiete nicht nur als ursprünglich polnisch, sondern auch als praktisch unbesiedelt dargestellt. Die Neigung, die Anwesenheit der deutschen Bevölkerung in den von Polen beanspruchten Regionen zu negieren, diente innen- und außenpolitischen Interessen des kommunistischen Regimes und erreichte einen Höhepunkt vor der Potsdamer Konferenz, als Polen bestrebt war, die Westverschiebung als vollendete Tatsache darzustellen. Doch die Neusiedler, die damals in Niederschlesien eintrafen, fanden die Region nicht nur dicht von Deutschen bewohnt vor, sie wurden auch ständig von den Lokalbehörden gewarnt: generell vor Deutschen, die kollektiv für die Kriegsverbrechen verantwortlich gemacht wurden, und speziell vor Nazis, etwa Mitgliedern der Untergrundorganisation Werwolf, die sich in den schlesischen Wäldern versteckten und das neue Polen bedrohten. Damit sollte die Unterstützung für Polonisierung und Vertreibung gestärkt werden, wie die Anordnungen des Regierungsbevollmächtigten für Niederschlesien Stanisław Piaskowski zeigen:

»Die deutschen Nationalsozialisten haben der ganzen Welt bewiesen, daß ihr Zusammenleben mit irgendeinem anderen Volk unmöglich ist, daher muß auch die in diesen Territorien der wiedergewonnenen Gebiete verbliebene deutsche Bevölkerung diese verlassen [...]. Indem ich Euch zur Mitarbeit beim Aufbau der polnischen Verwaltung in den Gebieten Niederschlesiens [...] aufrufe, zähle ich darauf, daß Ihr Eure ganze Anstrengung diesen Zielen widmen werdet, um derentwillen wir die Wiedergewonnenen Gebiete übernehmen. [...] [W]ir kommen als Pioniere des Polentums, als Rächer für jahrhundertealtes Unrecht, das von deutscher Hand den slawischen Völkern und Stämmen zugefügt wurde.«[38]

Dieser Geist beherrschte zunehmend den öffentlichen Diskurs in den Westgebieten. Die lokale kommunistische Presse berichtete ausführlich über die Verbrechen der Nazis im Krieg und beschrieb die Deutschen als Faschisten, Agenten der Reaktion und Imperialisten. An manchen Orten wurde Deutschen Zwangsarbeit auferlegt, sie mussten weiße Armbinden tragen und ihre Lebensmittelzuteilungen wurden beschränkt. Zu dieser Atmosphäre der Abneigung und des Misstrauens vor der deutschen Bevölkerung gesellten sich noch die persönlichen Ängste von manchen Neusiedlern aus der Zeit deutscher Besatzung in Ostpolen hinzu. Die Kluft zwischen ihnen und den zur Vertreibung bestimmten Deutschen wurde auch von verschiedenen Repatriierungsinstitutionen weiter vergrößert, die es teilweise untersagten, mit Deutschen in Kontakt zu treten. Da jedoch Vertreibung und Neubesiedlung viel langsamer als erwartet verliefen, konnten die Bevölkerungsgruppen nicht vollständig voneinander separiert werden. Verzögernd wirkte sich auch die hohe Mobilität der Neusiedler aus, die auf der Suche nach Arbeit, Wohnmöglichkeiten, Familienangehörigen etc. von Ort zu Ort zogen. So kam es, dass in den ersten zwei Jahren nach Kriegsende Angehörige verschiedener Bevölkerungsgruppen in den schlesischen Dörfern und Städten nebeneinander und manchmal sogar im selben Haus zusammenwohnen mussten. Nur wenige Polen waren auf die Möglichkeit vorbereitet, neben und manchmal auch mit Deutschen gemeinsam zu leben. Doch das Leid, das die Menschen am Anfang trennte, konnte längerfristig auch einigend wirken. Alle hatten Gewalt, Hunger, Angst und Tod von Bekannten und Familienangehörigen erfahren, wenn auch nicht auf derselben Seite der Front. Nach den Vereinbarungen der Alliierten waren zudem sowohl die Neusiedler als auch die deutschen Bewohner polnischer Gebiete zum Verlassen ihrer Heimat verurteilt. Sie alle waren von Entscheidungen betroffen, die ihr Leben gegen ihren Willen veränderten. Die meisten von ihnen waren Verfolgungen und »ethnischen Säuberungen« ausgesetzt gewesen und wurden gezwungen, ihre Wohnorte zu verlassen. Sie hatten keine Möglichkeit, in ihrer angestammten Heimat zu bleiben. Schließlich fanden sie sich aufgrund der politischen Umwälzungen im selben Raum wieder und versuchten, im Chaos zu überleben. Dieses gemeinsame Schicksal prägte die Begegnung nicht weniger als nationale Spannungen. In manchen Fällen hinderte die lebendige Erinnerung an die eigene Vertreibung die Neusiedler daran, Deutsche nur als Feinde zu betrachten. Von der Kraft der persönlichen Begegnung zeugt etwa die Schilderung Wiktoria Kwiatkowskas vom ersten Zusammentreffen mit der deutschen Besitzerin des Hauses, in dem sie mit ihren Kindern untergebracht war:

> »In der Tür stand ein deutsches Mütterchen, faltig und hager, weiß wie eine Taube. Sie fiel vor mir auf die Knie, küsste meine Hände und brach in Tränen aus. [...] Ihr Kopf schwankte langsam traurig hin und her. [...] Die Deutsche flehte mich an, bleiben zu dürfen. Denn das war ihr Haus! Sie hatte 40 Jahre darin gewohnt und hier ihre vier Söhne geboren [...]. Sie müsse zu Hause bleiben, sie wolle hier sterben, in ihrem Haus. Ich hörte ihr zu und wusste sofort, ich kann in diesem Haus nicht einen Moment länger wohnen. Ich hatte kein Recht, es einzunehmen, auch wenn es mir erlaubt war.«[39]

Trotz anfänglicher Vorbehalte gegen die Nachbarschaft oder das gemeinschaftliche Wohnen mussten sich die Neusiedler schließlich mit der Situation abfinden und sowohl den öffentlichen als auch den privaten Raum mit Deutschen teilen. Die ersten Monate in den neuen Wohnungen waren mit weiteren Herausforderungen für das Zusammenleben verbunden. Um die Schwierigkeiten des Alltags – Lebensmittelversorgung, Erwerbstätigkeit, die Bekämpfung ansteckender Krankheiten oder der Kampf gegen Räuberbanden – besser zu bewältigen, mussten die Bewohner oft mit geeinten Kräften vorgehen. Der Zeitzeugenbericht von Zofia Krzywonos aus Stronie Śląskie (Seitenberg) gibt Aufschluss über die wichtigsten Aspekte:

> »Es war keine leichte Zeit [...]. Wir kannten die deutsche Familie überhaupt nicht, wir wussten nicht, wie wir mit ihnen reden sollen und wenigstens ein paar grundlegende Regeln über den Haushalt aufstellen können, zum Beispiel: Wer arbeitet auf den Feldern, wer kümmert sich um das Vieh? Wie teilen wir die Ernte auf? Manche solche Fragen beschäftigten uns alle. Zu unserem Glück konnte unsere Nachbarin gut Deutsch und half uns sehr bei der Kommunikation. Dank ihr konnten wir den Haushaltsplan festlegen: Maria war zusammen mit einer deutschen Frau für das Vieh zuständig. Da diese Frau auch eine ausgezeichnete Bäckerin war, versorgte sie auch alle mit Brot und Gebäck. In der Molkerei arbeitete Marian. Die Produkte [...] teilten wir uns.«[40]

Die Schilderung zeigt, dass sich zu den emotionalen Hemmschwellen bei der Annäherung zwischen den Neusiedlern und den deutschen Bewohnern noch einige praktische Hindernisse gesellten, darunter die Sprachbarriere. Nicht selten wurde die Zusammenarbeit durch Missverständnisse behindert. Andererseits darf auch nicht vergessen werden, dass beide Bevölkerungsgruppen lange Zeit in Grenzgebieten gelebt hatten, in denen Mehrsprachigkeit Teil des Alltags gewesen war. Ein Großteil der Neusiedler war zuvor außerdem unter der Besatzung oder durch Zwangsarbeit fremden Sprachen ausgesetzt gewesen. Es gab deshalb auf beiden Seiten genügend Personen, die beide Sprachen beherrschten und in der Nachbarschaft behilflich waren. Zudem trug das gemeinsame Wohnen zur Vertiefung der Deutschkenntnisse von Neusiedlern bei. Manche polnische Kinder lernten von den deutschen Kindermädchen in ihren Häusern, gelegentlich wurde Deutsch sogar zu ihrer bevorzugten Sprache. »Der erste Sohn meines Onkels«, erzählt Maria Socha aus Zagrodno (Adelsdorf), »konnte kein Wort Polnisch.« Er wollte nur mit der deutschen Frau sprechen, die auf ihn aufpasste, während seine Eltern auf dem Feld arbeiteten: »Alles nur auf Deutsch, Polnisch konnte er kein Wort.«[41]

Das Beziehungsgeflecht in Niederschlesien war sehr vielfältig, nicht nur im privaten, auch im öffentlichen Raum: Es umfasste beispielsweise gemeinsames Wohnen, Nachbarschaft, Freundschaften zwischen Schülern, Warentausch, Erbringung von Dienstleistungen und Arbeitsverhältnisse, womit es weit über die vereinfachende binäre Spannung zwischen Opfern und Tätern hinausging. Die Rollen, die den Bewohnern Niederschlesiens in der neuen Realität auferlegt wurden, ermöglichten es ihnen, ihr Gegenüber in einer Weise zu sehen, die von den früheren Schemata abwich. Zbigniew Żaba, dessen Familie in Wrocław mit einer deutschen Familie zusammenwohnte, schildert den Wandel so:

»Ich war von klein auf mit Vorstellungen von den Deutschen als gefühllosen, maschinenhaften, in Stahl und Eisen gehüllten Unmenschen gefüttert worden, die wie monströse Marsianer über unser wehrloses Volk hergefallen waren. Hier sah ich nur Menschen, die schliefen und aßen, die sich freuten und traurig waren, die nicht anders dachten und sich nicht anders verhielten als wir. [...] Auf dem Terrain der geteilten Wohnung entstand eine eigentümliche Symbiose [...], ein Surrogat von Freundschaft und gegenseitiger Verständigung.«[42]

Auch die Vertrautheit der deutschen Bewohner mit Niederschlesien spielte eine Rolle. Obwohl sie sich nach der Westverschiebung Polens ganz unten in der gesellschaftlichen Hierarchie wiederfanden, war ihr Fachwissen in allen Lebensbereichen noch immer unverzichtbar – für den Wiederaufbau der Industrie und der öffentlichen Dienste, die Umverteilung von Vermögen und auch für die Landwirtschaft. Um diese Herausforderungen meistern zu können, waren Behörden und Neusiedler dringend auf die Unterstützung der deutschen Bevölkerung angewiesen, weswegen diese an manchen Orten zu Arbeiten für den Staat verpflichtet wurde. Im niederschlesischen Alltag halfen nicht wenige deutsche Bewohner den Neusiedlern, sich in der neuen Umgebung zurechtzufinden. Durch diese Form der alltäglichen Zusammenarbeit ergab sich ein gemeinsamer Raum, in dem man sich besser kennenlernte, Berührungsängste und Misstrauen zumindest ein wenig überwand. Davon zeugt etwa die Schilderung von Edward Głowacz, der 1946 in Strzelin (Strehlen) wohnte:

> »Die Deutschen waren gut zu uns. Wir wohnten mit Hans zusammen, einem rundlichen jungen Mann etwa in meinem Alter. [...] Wir hatten damals noch kein Licht. Er half den Polen, sodass wir wieder Licht im Haus hatten. [...] Einmal wurde mir gesagt, sein Vater habe bei der Gestapo gedient. [...] Ich dachte mir, was ändert das eigentlich jetzt für mich? Ich war davon nicht persönlich betroffen und kann kein schlechtes Wort über ihn sagen.«[43]

In den ersten zwei Jahren nach Kriegsende tat sich hier inmitten der Häuslichkeit ein Raum der Koexistenz zwischen Menschen und Kulturen auf. Die Diskriminierungs- und Zwangsmaßnahmen gegen die deutsche Bevölkerung und der Kampf gegen das deutsche Erbe im öffentlichen Raum führten dazu, dass sich die Deutschen in die eigenen Häuser und Wohnungen zurückzogen. In manchen Fällen geschah dies zum eigenen Schutz vor Übergriffen, denen sie viel stärker ausgeliefert waren als die Neusiedler. Frauen waren darüber hinaus sexueller Gewalt ausgesetzt. Die Verfolgung der deutschen Bevölkerung und deren gelegentliche Bitten um Hilfe weckten bei den Neusiedlern von Fall zu Fall unterschiedliche Reaktionen. Während sich die einen bemühten, den Verfolgten zu helfen, griffen andere selbst zu Gewalt. Wie aus der Zeugenaussage von Michał Sobków hervorgeht, stieß die Unterstützung Deutscher jedenfalls auch auf komplettes Unverständnis und sogar auf Wut und Missgunst:

»Seit ein paar Tagen kommt Frau Emma für ein Nachtquartier zu uns. [...] Sie fürchtet sich, im Haus zu schlafen, da eine Räuberbande weiterhin ungeachtet der Uhrzeit ihr Unwesen treibt und sie zudem eine gutaussehende Frau ist. Eines Nachts, wir schliefen alle schon, hörten wir plötzlich ein Klopfen an der Tür. Längere Zeit gab niemand von uns einen Laut von sich. Aus dem Klopfen wurde ein Hämmern. Schließlich stand Mama auf, zündete eine Lampe an und öffnete die Tür. Der Ortsvorsteher [...] trat ein. In scharfem Ton verlangte er, dass Frau Emma aufsteht und sich anzieht. Als Mama protestierte, fuhr er sie genauso an und befahl ihr zu schweigen. [...] Plötzlich schlug der Ortsvorsteher Frau Emma mit voller Wucht ins Gesicht. Wir schafften es nicht, sie zu verteidigen, als er sie brutal durch die Tür nach draußen stieß. Uns beschimpfte er dafür, dass wir den Deutschen Schutz gewährten.«[44]

Im Kontrast zur harten offiziellen Haltung entwickelte sich der häusliche Bereich in vielen Fällen zu einem Mikrokosmos, in dem die Rückkehr zu einem normalen Leben möglich wurde. Hier könnte eine Teilursache für die starke Ambivalenz liegen, die ein Kennzeichen der polnischen Gesellschaft im Kommunismus werden sollte: Das gesellschaftliche Leben zog sich immer weiter aus dem öffentlichen Bereich, der komplett vom Staat kontrolliert wurde, zurück und verschob sich ins Private. »Wir gingen nicht nach draußen und haben nichts preisgegeben«, schilderte Wanda Łyżwa ihre neuen Lebensverhältnisse in Sędzimirów (Wilhelmsdorf), »aber drinnen, im Dorf, kehrten wir zur Normalität und zur Tradition zurück [...].«[45] Ähnliche Erscheinungen gab es auch an anderen Orten. Im Gegensatz zu besonders herausgehobenen Ereignissen und Konstellationen blieben solche Momente des Alltags in der Regel unbemerkt. Doch in den ersten zwei Jahren nach dem Krieg, in einer von Emigration und Vertreibung geprägten Notzeit, kam ihnen außerordentliche Bedeutung zu. In der kurzen Zeit seines Bestehens wurde der gemeinsame Haushalt in Niederschlesien für seine entwurzelten Bewohner zu einem weithin gegen äußere Krisen immunisierten Lebensraum. Nach Jahren des Grauens erhielten die Neusiedler die Gelegenheit, an einem Ort zur Ruhe zu kommen, neue Kräfte zu sammeln und sich zu erholen. Auch wenn sie glaubten, dass dieser Zustand nicht lange anhalten würde, hofften die meisten doch sehnsüchtig darauf, dass nach Tagen, Wochen oder Monaten des Grauens – der Zeitbegriff war längst durcheinandergeraten – endlich Normalität einkehrte. An Werktagen gingen die Erwachsenen zur Arbeit und die Kinder zur Schule. Oft wurden Feste zum ersten Mal seit Langem wieder gemeinsam begangen. Das einigende Potenzial solcher Zusammenkünfte belegt die Schilderung Zygmunt Sobolewskis im Dorf Królikowice (Krolkwitz):

> »Den Weihnachtsabend verbrachten wir zusammen mit der Familie Teisler. Wir teilten eine festliche Waffel mit ihnen und wie sich herausstellte, hatten sie diesen Brauch nicht gekannt. Er gefiel ihnen trotzdem. Wir sangen unsere Weihnachtslieder und sie ihre. Als sie *Cicha noc, święta noc* [*Stille Nacht, Heilige Nacht*] anstimmten, sangen wir mit, wir auf Polnisch, sie auf Deutsch.«[46]

An vielen Orten entstanden Freundschaften und auch Liebesbeziehungen, die Menschen der verschiedenen Gruppen miteinander verbanden. »Ich kann mich erinnern, dass polnische Kinder mit deutschen Kindern spielten und schnell Deutsch in dem Maße lernten, dass sie manchmal gedankenverloren ›Mutti‹ zu ihren Müttern sagten«, erzählt Henryk Tomasz Ogonowski aus dem Dorf Złotniki Lubańskie (Goldentraum), »und die deutschen Kinder verstanden immer besser [...] Polnisch. Deutsche Mädchen verliebten sich in polnische Jungen und einige von ihnen heirateten sogar Polen und leben noch heute in Polen.«[47] In jener Zeit wurde das deutsche Eigentum nicht nur zu einem ständigen Bestandteil des gemeinsamen Lebensumfelds, sondern es war auch eng mit konkreten Gesichtern von deutschen Mitmenschen verbunden. Wie diese Gütergemeinschaft zu einer Lebensgemeinschaft wurde, wird in Wanda Łyżwas Zeugenschilderung deutlich:

> »Meine erste Erinnerung war das Spielen mit deutschen Kindern. Es gab hier viele Kinder. [...] Wir spielten Fußball und Dame. Wir wohnten fast ein Jahr zusammen und machten damals viele Ausflüge. Im Sommer gingen wir Heidelbeeren pflücken im Wald. Alles war ganz normal und so gut. Ich kann mich nicht an irgendwelche Streitigkeiten erinnern. [...] Wir kochten auch zusammen in derselben Küche. Wir teilten alles, was wir hatten, Hauptsache, den Kindern fehlte es an nichts. [...] In jener Zeit, als die Leute ihr letztes Stück Brot teilten, wurden sie zu Freunden fürs Leben.«[48]

Wie die aus Szubków (heute Shubkiv, Ukraine) stammende Neusiedlerin Alina Janik in Świdnica (Schweidnitz) berichtet, glich das Zusammenleben in seiner Diversität der Welt ihrer Kindheit:

> »Die Lebenserfahrungen und das Aufsaugen der gesellschaftlichen Atmosphäre im östlichen Grenzland halfen

uns sehr im Świdnica der Nachkriegszeit, das von der nationalen Zusammensetzung und der Herkunft der Einwohner her vielfältig war. Im Mietshaus in der Michał-Rola-Żymierski-Straße wohnten: ein autochthoner Deutscher, ein jüdischer Schneider mit seiner Familie, ein russisch-jüdisches Ehepaar, ein paar Umsiedler aus der Gegend bei Wadowice und Familien von hinter dem Bug. [...] Hier war die Hausgemeinschaft eine durch und durch selbstverständliche Tatsache. Den Deutschen schätzte man als guten Hausherren; die kleine Tochter der Juden machte, wenn ihre Eltern weg waren, an unserem großen Tisch ihre Hausaufgaben; man tat sich Gefallen; man brachte den Nachbarn Gebäck ›zum Probieren‹ und – aus dem Bedürfnis ständiger Nähe zum Nachbarn heraus – besuchte einander sogar für einen Schwatz während der Handarbeit oder mit einem Topf und einem Netz Kartoffeln zum Schälen.«[49]

Man darf nicht vergessen, dass Polen aus dem östlichen Grenzland überwiegend in einer Umgebung aufgewachsen waren, in der sich Sprachen, Religionen und Ethnien mischten. Vor dem Krieg war ganz Polen, besonders aber dessen östliches Grenzgebiet von einer seltenen ethnischen und kulturellen Vielfalt geprägt. In den dortigen Dörfern und Kleinstädten wurden neben Polnisch, Ukrainisch, Russisch, Jiddisch und Deutsch noch zahlreiche lokale Dialekte gesprochen. Man konnte Gebete von Juden, Katholiken, Orthodoxen, Protestanten oder Muslimen hören. Die Volkszählung von 1931 erfasste in den Ostbezirken Polens zwölf Sprachen und elf Religionsgemeinschaften. In mancherlei Hinsicht war die Sozialisation im östlichen Grenzland eine gute Vorbereitung auf das Leben in den Westgebieten bis zur Vertreibung und Aussiedlung der Deutschen. Um dieses Zusammenleben zwischen Polen und Deutschen zu verstehen, ist neben den Kriegserlebnissen sowie den Erfahrungen der Vor- und der unmittelbaren Nachkriegszeit auch das sich verschlechternde Verhältnis zwischen den aus dem östlichen Grenzland zwangsumgesiedelten und den etwa aus Zentralpolen freiwillig nach Niederschlesien übergesiedelten Menschen zu berücksichtigen. Letztere Gruppe vergrößerte sich steteig und bald bildeten diese freiwillig Migrierten die Mehrheit.[50] Die Neusiedler aus dem östlichen Grenzland, die ihre Häuser unter Zwang verlassen hatten, misstrauten den Beweggründen der anderen. Manche fürchteten die Konkurrenz um das deutsche Eigentum und die begrenzten lokalen Ressourcen, andere vermuteten in ihnen Agenten des kommunistischen Regimes oder Plünderer, die kein Interesse am Wiederaufbau der neuen Orte, sondern nur an persönlicher Bereicherung hatten. Das unterschiedliche Verhältnis der Neusiedler zu den Deutschen und anderen polnischen Bürgern schildert Zofia Krzywonos sehr deutlich:

>»Als wir mit den Deutschen zusammenwohnten, war alles ordentlich und gepflegt, wir hatten ein ruhiges und harmonisches Leben. Als jedoch die Polen hierherkamen – ich meine vor allem jene aus Zentralpolen – büßte unser Städtchen seinen ganzen Reiz ein. Die polnischen Bewohner vernachlässigten ihre neuen Häuser und zerstörten alle leeren Wohnungen – und plünderten alles, was ihnen wertvoll erschien.«[51]

Ähnlich kritisch äußert sich Władysława Pilak in Wrocław über das Verhalten anderer Polen in Niederschlesien. Wegen deren Gleichgültigkeit und Nachlässigkeit seien »[d]ie einst hübschen und sauberen deutschen Höfe [...] zu Müllkippen [verkommen]. Niemand reparierte die beschädigten Dächer.« Die Unordnung in den Häusern sei groß und »[d]ie Faulheit nahm erschreckende Ausmaße an«. Ihre düstere Schilderung resümiert Pilak so: »Mich packte die Angst beim Gedanken[,] wie es wird[,] wenn der Rest der Deutschen geht. Wer dann arbeiten wird. Als Polin schämte ich mich [...] für den Schmutz überall, für die Misswirtschaft, für den Mangel an Kultur und Fleiß.«[52] Diese Antipathie bestand offenbar gegenseitig. »In Zentralpolen wird angeblich gesagt, dass in die Westgebiete Randgruppen gebracht werden und alle möglichen Faulenzer, Diebe und verdächtige Elemente, die man anderswo loswerden möchte«, beschreibt die Neusiedlerin Joanna Konopińska in Wrocław 1945 das stereotype Bild, das die Bewohner im übrigen Land von den Bewohnern der Westgebiete hatten.[53] In der ersten Zeit behinderten solche Vorurteile die Integration der beiden Gruppen stark. Sie lebten ohne engere Berührungspunkte nebeneinander und die wenigen formalen Kontakte zwischen ihnen beschränkten sich im Wesentlichen auf Arbeit, Bildung und öffentliche Angelegenheiten. Freundschaften oder Ehen zwischen den beiden Gruppen waren selten, galten als Überschreitung gesellschaftlicher Grenzen und wurden mit großem Misstrauen betrachtet. »Die Unterscheidung zwischen einer Herkunft aus dem Osten (östliches Grenzland) oder aus dem Westen (Zentralpolen) war das Hauptkriterium, das neue Gemeinschaften in den Westgebieten formte«, betont der Historiker Paweł Lewandowski.[54]

Die kommunistischen Behörden schenkten den Unterschieden zwischen den verschiedenen polnischen Gruppen wenig Beachtung, obwohl sich in sechs Jahren Krieg die Kluft zwischen diesen unter Hitlers Besatzung und jenen, die unter Stalins Herrschaft gerieten, eher vergrößert hatte. Nach dem Verschwinden der Deutschen aus den Westgebieten schienen die Neusiedler die gesellschaftliche Rolle der Fremden im neuen polnischen Staat eingenommen zu haben. Da sie sich in Dialekt, Kleidung und Gebräuchen bisweilen stark von den übrigen Polen abhoben, wurde sogar ihre nationale Zugehörigkeit angezweifelt. Das führte dazu, dass Neusiedler, die sich außerhalb der Westgebiete niederlassen wollten, manchmal mit Ablehnung und Diskriminierung konfrontiert waren. Nach seiner Vertreibung aus Wilno (heute Vilnius, Litauen) war Zdzisław Żaba davon betroffen, als er sich in der Nähe der Hauptstadt niederlassen wollte:

»Meine Bemühungen, in Warschau oder in der Umgebung ein neues Leben zu beginnen, scheiterten komplett. [...] Ich versuchte, Arbeit bei der Konsumgenossenschaft ›Społem‹ zu finden, aber ›sie‹ – ehrenwerte Herren aus eleganten Büros – wollten mich, einen Repatrianten aus dem Osten, einen halben Polen, halben Russen (ihrer Ansicht nach), einen Kriegsgeschädigten, nicht. ›Sie sind doch ein Repatriant aus dem Osten. Fahren Sie in Ihre eigenen Gebiete, in die Wiedergewonnenen Gebiete!‹ Wenn Polen Kolonien in Afrika gehabt hätte, hätten sie bestimmt nicht gezögert mir zu sagen: ›Fahren Sie in die Kolonien!‹«[55]

Die Aussage der »ehrenwerten Herren aus eleganten Büros« verdeutlicht das Ergebnis des polnischen Siedlungswerks in Niederschlesien in den ersten zwei Nachkriegsjahren. Während sich die Neusiedler langsam in fremden Häusern einrichteten – manchmal mithilfe der deutschen Bewohner – war die Solidarität anderer polnischer Bewohner gering. Die Westverschiebung hob die Unterschiede und Spannungen innerhalb der polnischen Gesellschaft offensichtlich hervor und machte sichtbar, dass es keine einheitliche polnische Kultur gab, die Grundlage einer erfolgreichen Eingliederung der neuen Gebiete in den Gesamtstaat hätte sein können. Eine Ablehnung der Neusiedler außerhalb der Westgebiete trug nicht nur zur Vertiefung ihrer Bindung an die neue Heimat bei, sondern prägte zudem den Status Schlesiens, das trotz aller Bemühungen um eine Polonisierung fremd bleiben sollte: zwar nicht mehr deutsch, aber auch noch nicht ganz polnisch.

Die Illusion der Kontinuität: Jüdische Neusiedler und das deutsch-jüdische Erbe

> »Mit Ehrfurcht stand ich am Grab von Zvi Hirsch Graetz […] und der Gedanke beflügelte mich, dass der Mittelpunkt des jüdischen Lebens in Wrocław wieder in denselben Mauern lag, in denen […] Graetz und andere jüdische Gelehrte und Lehrer gelebt hatten. Nun wurde das Gebäude wieder zum Zentrum des jüdischen Lebens […] in denselben Mauern, in denen unsere Vorfahren gelebt und gewirkt hatten.«
>
> *Jacob Egit* (nach 1945)[1]

Das Jahr 1945 brachte eine weitere tiefgehende Transformation in der langen Geschichte der jüdischen Präsenz in Niederschlesien mit sich. Die Naziherrschaft in Deutschland hatte die deutsch-jüdische Bevölkerung, die jene Region seit Jahrhunderten bewohnt hatte, eliminiert. Danach führte die Verschiebung der Grenzen in Ost- und Mitteleuropa durch die alliierten Siegermächte auch zur Ansiedlung von jüdischen Neusiedlern, überwiegend polnischer Herkunft, die der nationalsozialistischen Verfolgung durch Flucht in die Sowjetunion entgangen waren und dadurch überlebt hatten. Nachdem Niederschlesien innerhalb weniger Jahre seine jüdische Bevölkerung nahezu vollständig verloren hatte, kehrte nun vorübergehend jüdisches Leben dorthin zurück. Die Neusiedler konnten mit dem materiellen Erbe und im Lebensumfeld der ehemaligen deutsch-jüdischen Gemeinden zumindest für kurze Zeit eine jüdische Gemeinschaft aufbauen, die in ihrer Art einzigartig und die größte in ganz Polen war. Das folgende Kapitel beleuchtet die Berührungspunkte jener Neusiedler mit den Überresten der deutsch-jüdischen Welt.

Dabei soll nicht nur das Schicksal dieses Erbes nach 1945, sondern auch dessen Rolle im Leben der neuen jüdischen Gemeinschaften in den Blick genommen werden.

Das Vakuum füllen?
Rückkehr jüdischen Lebens nach Niederschlesien

Für das polnische Siedlungswerk spielten die Schoah-Überlebenden eine besondere Rolle. Die überraschende Verbindung zwischen ihnen und den neuen polnischen Westgebieten war, neben Sachzwängen, auf temporäre gemeinsame Interessen der polnischen Regierung und der neuen jüdischen Gemeinden zurückzuführen: Den Behörden lag an einer möglichst raschen Besiedlung, gleichzeitig waren viele Schoah-Überlebende auf der Suche nach einem Ort für den Neuanfang. Die ersten Vorstöße für den Wiederaufbau jüdischer Gemeindestrukturen in der Region kamen von den rund zehntausend überlebenden jüdischen Zwangsarbeitern des Konzentrationslagers Groß-Rosen und seiner Nebenlager. Im Juni 1945 traten Häftlingsvertreter in Rychbach zusammen, um über den Wiederaufbau des jüdischen Lebens in Polen zu beraten. Sie reklamierten ihr Bleiberecht auf niederschlesischem Gebiet und begründeten dies mit ihren traumatischen Erlebnissen in den dortigen Lagern. Im Protokoll der Zusammenkunft heißt es:

> »Die Teilnehmer erklären hiermit, dass die Erde Niederschlesiens vom Blut und vom Schweiß Tausender Juden getränkt ist, die hier gefangen waren und furchtbare Misshandlung erleiden mussten. Als Bürger des freien Polens [...] erklären wir unser Recht, hier unsere Heimstätte zu errichten und hier unser materielles und geistiges Leben aufzubauen. Dieses Recht ist unantastbar.«[2]

Der Vorstoß zum Wiederaufbau jüdischen Lebens in Niederschlesien wurde alsbald vom Zentralkomitee der Juden in Polen (Centralny Komitet Żydów w Polsce) übernommen, das im November 1944 als Vertretung der Juden gegenüber den kommunistischen Behörden gegründet worden war. Im Komitee saßen Vertreter verschiedener jüdischer Kreise (Bund, Po'ale Zion, Vereinigung Demokratischer Zionisten »Ichud«, He-Ḥaluz, Ha-Shomer ha-Ẓa'ir und andere), dominiert wurde es jedoch von Vertretern mit kommunistischer Orientierung. Die kommunistische Polnische Arbeiterpartei (Polska Partia Robotnicza, PPR) unterhielt bereits während des Kriegs Kontakt zu kommunistischen jüdischen Gruppierungen und kümmerte sich, von ihnen inspiriert, bereits früh um Hilfeleistungen für die jüdische Bevölkerung im Land. Im Juli 1944 stellte das Polnische Komitee der Nationalen Befreiung der polnischen Öffentlichkeit in einem politischen Manifest seine wichtigsten Ziele vor und verpflichtete sich dazu, »die Juden, die der bestialischen Vernichtung durch die Besatzer ausgesetzt waren, zu rehabilitieren und sie rechtlich und faktisch gleichzustellen«.[3] Im Geist dieser Erklärung richtete das Komitee einen Monat später eine Sonderabteilung unter Leitung von Bund-Mitglied Szlomo Herszenhorn ein mit dem Auftrag, die jüdische Bevölkerung in Polen zu unterstützen und zu rehabilitieren. Das Komitee förderte auch Gründung und Tätigkeit des Zentralkomitees der Juden in Polen. Diese Schritte bewirkten eine erhebliche Annäherung zwischen jüdischen und kommunistischen Institutionen Polens, zumal Teile der polnischen Exilregierung in London, etwa die Nationale Partei (Stronnictwo Narodowe), explizit antijüdische Positionen einnahmen und so jüdische Exponenten abschreckten. Als die Exilregierung schließlich die Unterstützung der Alliierten einbüßte, wurde das kommunistische Lager faktisch zum einzigen Garanten der neuen jüdischen Gemeinschaft in Polen und insbesondere in Niederschlesien. In einer von grundlegender Instabilität geprägten Lebenswirklichkeit war die Unterstützung durch staatliche Behörden für die Schoah-Überlebenden unerlässlich. Das kommunistische Regime seinerseits wollte die Verbindungen zu jüdischen Führungspersönlichkeiten nutzen, um sein internationales Ansehen zu verbessern.

Das gute Verhältnis zwischen dem Zentralkomitee der Juden in Polen und den erstarkenden kommunistischen Gremien äußerte sich etwa in der Berufung des polnisch-jüdischen Politikers Emil Sommerstein, Beauftragter für Kriegsentschädigung im Polnischen Komitee der Nationalen Befreiung, zum ersten Vorsitzenden. Unter Sommersteins Führung begann das Zentralkomitee seine Tätigkeit mit einer Loyalitätserklärung gegenüber den kommunistischen Behörden. Im Gegenzug sicherte Edward Osóbka-Morawski, später erster Ministerpräsident der Provisorischen Regierung der Nationalen Einheit, Unterstützung und Zusammenarbeit zu. Aufgrund dieser Entwicklungen war die Tätigkeit des Zentralkomitees von Anfang an eng mit der kommunistischen Politik verbunden, zu deren Zielen auch die Grenzverschiebungen und rasche Besiedlung der Westgebiete zählten. So sicherte das Komitee unmittelbar nach seiner Gründung »die volle Beteiligung der Juden am aktiven Kampf für die vollständige Vertreibung der Deutschen aus Polen« zu,[4] und zwar nicht nur aus politischem Kalkül oder wegen des staatlichen Drucks, sondern aus verschiedenen weiteren naheliegenden Gründen. Eine seiner Hauptaufgaben war es schließlich, die – überwiegend in die Sowjetunion geflohenen und nun zurückkehrenden – Überlebenden beim Aufbau einer neuen Existenz zu unterstützen, besonders nach Unterzeichnung des polnisch-sowjetischen Evakuierungsvertrags im Juli 1945. Dieses Abkommen ermöglichte sämtlichen Juden, die sich in der Sowjetunion aufhielten und vor dem 17. September 1939 polnische Staatbürger gewesen waren, nach Polen zu gehen gemäß der neu gezogenen Staatsgrenzen. Bei den Vorbereitungen auf deren Ankunft erkannten die jüdischen Vertreter, dass sich in Niederschlesien die seltene Gelegenheit bot, den Wiederaufbau der polnisch-jüdischen

Gemeinschaft mit einem Kernpunkt des polnischen Nationalprogramms zu verbinden und so von einem Besiedlungswerk zu profitieren, das für die Schoah-Überlebenden bei der Wohnungs- und Arbeitssuche deutliche Vorteile aufwies. Aufgrund der kriegsbedingten starken Beeinträchtigung von Infrastruktur und Wirtschaftsleistung des Landes kam solchen Erwägungen einige Bedeutung zu. Unter diesen Umständen erwies sich die Wiederaufbauinitiative der befreiten Zwangsarbeiter in Niederschlesien als wichtiges Kapital für das Zentralkomitee, einerseits für die Vertiefung der Beziehungen zur kommunistischen Regierung und andererseits für die Bewältigung konkreter Herausforderungen der erwarteten Immigration. Die polnischen Behörden ihrerseits erkannten nicht nur die Chancen für die Neubesiedlung, sondern sahen auch eine Gelegenheit, das Engagement der neuen Regierung gegen Antisemitismus und für den Wiederaufbau jüdischen Lebens nach dem Krieg propagandistisch zur Schau zu stellen. In der Folge lenkte das für die organisatorische Seite des Transfers zuständige Zentralkomitee die meisten jüdischen Übersiedler nach Niederschlesien.

Auf ideologischer Ebene übernahmen die jüdischen Vertreter die wesentlichen Punkte des offiziellen Diskurses über die neuen Gebiete und auch das Zentralkomitee nutzte in diesem Zusammenhang häufig dieselben propagandistischen Mittel. Hervorgehoben wurde einerseits der polnische Charakter der Westgebiete, andererseits die Kontinuität des dortigen jüdischen Lebens. Nicht selten legte diese Argumentation jedoch die Schwachpunkte des staatlichen historischen Narrativs offen. So wurden etwa in zahlreichen Artikeln von Jakub Egit, Präsident des Woiwodschaftskomitees der Polnischen Juden für Niederschlesien und ein früher Protagonist der jüdischen Neuansiedlung, die Juden als integraler Bestandteil der polnischen Nation dargestellt, als Flüchtlinge, die »ihr schöpferisches Leben inmitten von Landsleuten« in einem »homogenen sozialen Milieu« neu begannen,[5] und als begeisterte Patrioten, die auch in den Lagern »stets ihr Polentum demonstriert« hatten und nach der Befreiung »jenes polnische Ethos« festigten.⁶ Bei anderer Gelegenheit stellte Egit die jüdische Bevölkerung in die unmittelbare Nachfolge der untergegangenen niederschlesischen Gemeinden. Doch diese waren nie polnisch, sondern deutsch-jüdisch gewesen – eine gern verschwiegene Tatsache. Im Jahr 1947 schrieb er:

»Wir sind nicht als Gäste nach Niederschlesien gekommen. So wie das Polnische [sic] Volk in dieses Gebiet kam, um die alten polnischen Traditionen fortzusetzen, so hatte auch unser Volk hier gelebt und gearbeitet. In Wrocław gab es eine große jüdische Gemeinde. Der große jüdische Historiker Graetz und andere lebten und schufen hier. [...] Unsere Ansiedlung entstand als Ausdruck des organisierten Willens der jüdischen Massen, ihre Existenz neu aufzubauen.«⁷

Doch Egit schien auch bemüht, die Dissonanz aufzulösen, die sich durch eine verzerrte Darstellung der jüdischen Geschichte Schlesiens und das komplette Übergehen des deutschen Charakters ihrer früheren jüdischen Gemeinden ergab – auch in seinen späten Erinnerungen, in denen er Graetz als geistigen Wegbereiter der neuen jüdischen Gemeinde darstellte und ihn als »polnischen Juden« bezeichnete, der »von den deutschen Juden Heinrich genannt« wurde.⁸

Angesichts dieser Art von Spannungen stellt sich jedenfalls die Frage, in welchem Umfang die polnische Propaganda bei den jüdischen Neusiedlern Anklang fand. Ihre Bedeutung für das Schicksal des Einzelnen war unterschiedlich, die Umsiedlung in diese Gebiete von verschiedenen Faktoren beeinflusst. Zunächst ist der Transfer der Rückkehrer aus der Sowjetunion – der größten Gruppe jüdischer Neusiedler – vor dem Hintergrund der dortigen schwierigen Lebensumstände während des Kriegs und insbesondere in sowjetischen Arbeitslagern zu sehen, wo Mangel, Diskriminierung, Nationalismus, militärischer und politischer Terror sowie Gewalt herrschten. Nachdem die Übertragung Ostpolens an die Sowjetunion beschlossen wurde, verschlechterte sich die dortige Lage zusätzlich und veranlasste manche Bewohner zur Flucht. Nicht wenige, die sich freiwillig in den Westen aufmachten, wussten nicht, wohin die Reise führte. Viele hofften auf eine Rückkehr nach Hause oder auf eine Arbeitsstelle innerhalb der neuen Grenzen Polens, nicht zwingend in den Westgebieten. Andere wiederum, etwa den Schoah-Überlebenden Dawid Ringel, motivierte die Aussicht auf ein Leben in einer besser entwickelten, angeblich sogar reichen Gegend:

> »Ich war in Lwów. Ich überlegte mir, dort zu bleiben, aber ich hatte dort niemanden. [...] Der Krieg war im Mai 1945 zu Ende. Es vergingen drei Monate – Mai, Juni, Juli – und ich wusste immer noch nicht, was ich tun soll. [...] Später hieß es, Wrocław sei befreit worden und alle Polen müssten in die Wiedergewonnenen Gebiete fahren. Doch noch lebten dort nur Deutsche. Sie [die westlichen Gebiete] waren mehr wert als der Osten – es gab dort Betriebe und Industrie und hier nichts. Im Osten gab es nur Maisfelder. [...] So kamen wir also nach Wrocław.«[9]

Demgegenüber siedelten nicht wenige Schoah-Überlebende in die Westgebiete über, obwohl sie den kommunistischen Behörden nach den Jahren unter sowjetischer Herrschaft nicht trauten. Viele von ihnen wollten sich dort niederlassen, gerade weil es für sie nicht Teil Polens war. Während sie in manchen Gegenden unter Antisemitismus, Gewalt und Pogromen seitens der polnischen Bevölkerung litten, galt Schlesien als sicherer. Einige Emigranten entschieden sich erst nach Drohungen und Übergriffen auf der Reise dazu, in die Westgebiete weiterzufahren, wie Luta Brachfeld erzählt, die mit ihren Eltern schließlich nach Złotoryja zog:

> »Wir haben uns gefreut, als wir endlich die sowjetisch-polnische Grenze überquerten. Wir dachten schon, wir seien

auf dem Weg nach Hause, da regneten plötzlich Steine auf uns ein, von fremden Leuten [geworfen]. ›Judenschweine‹ schrien sie und warfen weiter Steine auf unseren Zug. Es war so schlimm, dass mein Vater eine Selbstverteidigungsgruppe organisierte. Wir hatten weder ein Gewehr noch eine Axt oder auch nur ein Messer und die Männer wechselten sich ab beim Wachestehen am Eingang zum Eisenbahnwagen. Wir mussten jeden Moment damit rechnen, dass jemand eindringen und uns töten könnte. [...] Die erste Begegnung mit Polen war für uns sehr schlimm.«[10]

Viele Überlebende der Lager, die teils ihre ganze Familie verloren hatten, konnten kaum in ihr Lebensumfeld zurückkehren. Einige besuchten ihre Heimatorte, aber oft war das Verhältnis zu den nichtjüdischen Nachbarn, die sich inzwischen ihre Häuser und Geschäfte angeeignet hatten, so unerträglich wie die Vorstellung, an einem Ort zu bleiben, dessen jüdisches Leben komplett vernichtet und der zum Massengrab geworden war. In den Westgebieten dagegen gab es keine Konfrontation mit früheren Nachbarn, keine Spuren der Vergangenheit. Das scheint viele bewogen zu haben, dort Zuflucht zu suchen. Dora Hiller-Mańczak schildert die Entscheidung ihrer Mutter für Niederschlesien mit den Worten:

»Meine Mutter wurde in Groß-Rosen befreit [...] und fuhr später mit ihrer Schwester an ihren Heimatort Ozorków, um sich umzuschauen und herauszufinden, was mit den Häusern geschehen war und wer zurückgekommen war. Es stellte sich heraus, dass niemand zurückkam und niemand Leute suchte. In ihren Wohnungen wohnten schon Polen und diese waren sehr erstaunt, dass die Geschwister überlebt hatten. ›Wir dachten, sie haben euch alle umgebracht‹, sagten sie ihnen ganz direkt. Sie gingen deshalb schnell wieder weg, damit es nicht zu unangenehmen Situationen kommt und um nicht den Eindruck zu erwecken, dass sie ihre Wohnungen zurückhaben wollten. Beide kehrten hierher zurück.«[11]

Niederschlesien zog in den ersten Nachkriegsjahren viele Schoah-Überlebende an und wurde mit rund 100 000 jüdischen Bewohnern – von 250 000 bis 300 000 im ganzen Land – zu einem Zentrum jüdischen Lebens in Polen. Neue Gemeinden entstanden in Wrocław, Rychbach/Dzierżoniów, Pieszyce (Peterswaldau), Bielawa (Langenbielau), Wałbrzych, Ludwikowice Kłodzkie (Ludwigsdorf), Mieroszów (Friedland in Niederschlesien), Głuszyca (Wüstegiersdorf), Kłodzko, Legnica, Świdnica, Jelenia Góra, Nowa Ruda und weiteren Orten. Die Gruppe der jüdischen Neusiedler war sehr heterogen. Sie setzte sich aus Menschen aller Altersstufen und Gesellschaftsschichten zusammen, aus Bewohnern großer Städte und kleiner Dörfer, aus Gebildeten und Ungebildeten, Vertretern verschiedener Berufe, aus Familien und Alleinstehenden, Jiddisch-, Polnisch- und Russischsprachigen, aus Vertretern verschiedenster politischer Richtungen, aus Religiösen und Atheisten, aus Menschen mit einem ausgeprägten jüdischen Selbstverständnis und ohne ein solches. Mit all diesen Menschen kehrte jüdisches Leben nach Niederschlesien zurück. »Unmittelbar nach dem Krieg war Legnica fast eine jüdische Stadt«, erzählt Michał (Icek) Warzager, der im Mai 1946 in den Westgebieten eintraf. »Ich schaute mich auf dem Marktplatz um und ging die Straßen entlang, überall waren Juden.«[12] Ähnliche Eindrücke vermitteln Berichte von Besuchern, die sich damals in der Region aufgehalten hatten: »Wohin man sich auch wendet, sieht man Juden, die ihren Geschäften nachgehen oder in kleinen Gruppen an Straßenecken stehen«, schreibt 1946 der Journalist Jacob Pat aus Rychbach: »Ich sehe beleuchtete Schaufenster, offene Türen. Alles ist friedlich und gemütlich. [...] Es ist, als ob die Dinge aus Versehen auf den Kopf gestellt, umgekehrt worden wären. Vor dem Krieg war diese Stadt Teil des Deutschen Reichs.«[13] An vielen Orten konnten die neuen Gemeinden verlassene Synagogen, Gemeindehäuser und Friedhöfe nutzen, gemeindliche Einrichtungen wurden zu Treffpunkten von Überlebenden, besonders auf der Suche nach Angehörigen und Freunden. »Ich war allein und kam mit einer weiteren jüdischen Familie nach Wrocław«, erzählt Dawid Ringel. »Ich schaute mich zuerst nach einer jüdischen Gemeinde um. Ich wollte wissen, ob es in der Stadt überhaupt eine jüdische Gemeinde gibt. Gibt es hier überhaupt Juden? [...] In der Gemeinde waren schon andere Überlebende.«[14] Auch in den folgenden Jahren erfüllten die Synagogen in Niederschlesien eine wichtige soziale Funktion. Wie etwa Shaul Meydav bezeugt, der mit seinen Eltern in Wrocław wohnte, besuchten viele Leute die Synagoge Zum Weißen Storch, die 1829 von der Breslauer Gemeinde gegründet worden war und den Krieg überdauert hatte, nicht unbedingt zum Beten, sondern vor allem, um andere Überlebende zu treffen:

»Wir waren nicht religiös. [...] Doch an den Feiertagen gingen wir immer in die Synagoge [...]. An Rosch Haschana und Pessach. Das war eine Art Treffpunkt [...]. Für die ganze jüdische Gemeinde in Wrocław. Da die meisten ihrer Mitglieder nach dem Krieg heimatlos geworden waren und allein, ohne Familie in die Stadt umgesiedelt wurden. Das war einer der prägendsten Orte [für uns], man konnte sich dort treffen und austauschen etc.«[15]

Auf den ersten Blick füllte sich die Leere, die die Vernichtung der deutsch-jüdischen Gemeinden in Niederschlesien hinterlassen hatte, rasch mit neuem jüdischen Leben. Die jüdischen Leitungsgremien – darunter lokale Räte und der jüdische Regionalrat in Rychbach, ab 1946 in Wrocław – wiesen bei jeder Gelegenheit mit Stolz auf diese Form der Kontinuität hin. »Vor langer Zeit, vor dem Deutschen Kaiserreich und vor den Nazis, war das eine große jüdische Synagoge; Hunderte von deutschen Juden haben hier gebetet, Tausende deutsche Juden lebten in dieser Region«, erzählte ein Mitglied des Rychbacher Regionalrats dem Journalisten Jacob Pat bei der Besichtigung der lokalen Synagoge: »Jetzt, wo sie untergegangen sind, [...] nehmen wir die alten jüdischen Stellungen wieder ein.«[16] Doch unterschied sich das neue jüdische Leben Niederschlesiens stark von dem der Vorkriegszeit. Eine besonders offensichtliche Veränderung betraf die Sprache, wie etwa Joseph Tenenbaum bei einem Besuch im Frühjahr 1946 bemerkte: »Mir fiel auf, dass überall Jiddisch zu hören war«, schilderte er seinen Eindruck aus Rychbach, »jiddische Straßenplakate, große Transparente mit Aufrufen zum Ersten Mai, jiddische Theaterprogramme, [...] jiddische Musik und jiddische Lieder. Ich hörte sogar, wie nichtjüdische Polen die jiddische Sprache mit einem schrecklichen polnischen Akzent malträtierten, als bemühten sie sich anzuerkennen, dass Jiddisch die offizielle Sprache dieser ›jüdischen Stadt‹ war.«[17] Das große Gewicht der jiddischen Kultur bestätigte auch Jakub Egit, der seine Erinnerungen an Niederschlesien mit dem Bekenntnis eröffnete, sein Plan dort sei die Errichtung eines »jiddischen Jischuw« gewesen.[18] Tatsächlich erlebte die jiddische Kultur in den ersten Jahren nach dem Krieg in der ganzen Region eine Blüte. Es entstanden Schulen, Kulturvereine, Theater, Zeitungen und Jugendorganisationen an den Orten, die früher vom reichen Kulturleben der niederschlesischen Juden geprägt waren. Als weiteres Symptom einer Diskontinuität kann das Verhältnis der jüdischen Neusiedler zu den Residuen deutsch-jüdischer Kultur aufgefasst werden. Um es besser verstehen zu können, lohnt sich zunächst ein Blick auf jene ausgelöschte Sphäre.

Eine untergegangene Welt: Aufstieg und Fall des schlesischen Judentums deutscher Tradition

Jüdisches Leben in Niederschlesien hat eine lange Tradition. Die ersten urkundlich bezeugten Spuren datieren in das 12. Jahrhundert, als Schlesien noch zum jungen Königreich Polen gehörte. Bis zum Ende des 18. Jahrhunderts war die jüdische Präsenz in jener Region jedoch alles andere als gefestigt und vor allem von hoher Mobilität geprägt, verursacht unter anderem durch antijüdische Dekrete häufig wechselnder Lokalmächte sowie durch Gewaltausbrüche der Umgebungsgesellschaften, durch Verfolgungen und Pogrome. Dennoch konnten sich die jüdischen Gemeinden quantitativ, kulturell und wirtschaftlich allmählich entwickeln, besonders nachdem die Region unter habsburgische (1526) und dann unter preußische Herrschaft (1742) gelangt war. Den bedeutendsten Entwicklungsschub erfuhren die jüdischen Gemeinden im 19. Jahrhundert im Zuge der raschen allgemeinen Entwicklung der Provinz Schlesien, insbesondere nach dem Judenedikt König Friedrich Wilhelms III. von 1812, das die preußischen Juden zumindest de jure den übrigen Staatsbürgern gleichstellte. Daraus resultierte bald auch ein zügiges Wachstum der schlesischen Gemeinden, nicht nur in wichtigen Städten wie Liegnitz, Schweidnitz, Glogau, Hirschberg oder Bunzlau (Bolesławiec), sondern auch in zahlreichen kleineren Orten wie Freiburg (Świebodzice), Neumarkt (Środa Śląska), Haynau (Chojnów) und Schmiedeberg im Riesengebirge (Kowary), in denen neue jüdische Gemeinden entstanden.

Die Breslauer Gemeinde, zu Beginn des 19. Jahrhunderts etwa dreitausend Mitglieder stark, umfasste 1910 bereits über zwanzigtausend Juden und war damit nach Berlin und Frankfurt am Main die drittgrößte jüdische Gemeinde in Deutschland. Ihr gehörten neben bedeutenden Persönlichkeiten wie Paul Ehrlich (1854–1915), Ferdinand Lassalle (1825–1864) oder Edith Stein (1891–1942) auch bekannte Philanthropen an, etwa die Bankiers Jonas (1773–1846) und David Fraenckel (1707–1762), die Gebrüder Arthur (1872–1942) und Georg Barasch (1867–1943), Inhaber einer größeren Warenhauskette, oder die Kaufmannsfamilie Schottländer. Ihr geschäftliches und philanthropisches Wirken – beispielsweise die Stiftung von religiösen Einrichtungen, Krankenhäusern, Altenheimen, Sozialwohnungen und Parks sowie von Stipendien für Studierende – leistete einen großen Beitrag nicht nur zum Wohl weniger bemittelter jüdischer Bewohner Schlesiens, sondern insgesamt zur Entwicklung der Region. In kurzer Zeit wurde Breslau zum Zentrum des jüdischen Lebens in Schlesien, geprägt von einer für das gesamte deutsche Judentum typischen Vielfalt mit progressiven Strömungen wie der Aufklärungsbewegung, der Wissenschaft des Judentums und dem Reformjudentum, dessen intellektueller Wegbereiter Abraham Geiger (1810–1874) hier jahrelang als Rabbiner wirkte. Die orthodoxe und die liberale Gemeinde in Breslau koexistierten, wenn auch nicht immer reibungsfrei, was jedoch den zeitgenössischen kulturellen Charakter der Stadt gut zu reflektieren scheint.

Im 19. Jahrhundert entstand in Breslau die positiv-historische Schule, aus der die Bewegung des Konservativen Judentums hervorging, das ein Charakteristikum der Stadt wurde und sich im 1854 von Jonas Fraenckel gestifteten Jüdisch-Theologischen Seminar zentralisierte. Das Seminar war zweifellos die wichtigste religiöse Institution der schlesischen Judenheit und gehörte zu den bedeutendsten Einrichtungen dieser Art in ganz Deutschland. Es wirkte als höhere Bildungsanstalt, als Ausbildungsstätte für Rabbiner und Lehrer jüdischer Studien sowie als Forschungsstätte, die von zahlreichen Gelehrten genutzt wurde, darunter Heinrich Graetz (1817–1891), der unter anderem für sein Monumentalwerk *Geschichte der Juden von den ältesten Zeiten bis auf die Gegenwart* Berühmtheit erlangte, der ersten Gesamtdarstellung der jüdischen Geschichte überhaupt. Doch das

Jüdisch-Theologische Seminar wurde nicht nur der Gelehrten wegen berühmt, sondern auch für seine prachtvolle Bibliothek, die parallel zum Seminar aufgebaut wurde und deren Grundstock die Privatsammlung des italienisch-jüdischen Sammlers Leon Vita Saraval aus Triest bildete. Seine Sammlung, bestehend aus 69 Handschriften sowie 6 Inkunabeln und 405 weiteren Drucken, wurde nach seinem Tod aufgekauft. In der Wirkenszeit des Seminars entwickelte sich die Bibliothek rasch in verschiedene Richtungen. In den späten 1930er Jahren zählte sie 40 000 Bände, 433 Handschriften und 54 Inkunabeln und gehörte zu den reichsten und wichtigsten jüdischen Bibliotheken Europas. Ihre Sammlungen enthielten eine breite thematische Vielfalt vom Tanach über den Talmud und bis zur christlich-abendländischen Literatur, von der klassischen Philologie bis zur Astronomie und Mathematik. Dabei reflektierten ihre Bestände ein inklusives und liberales Verständnis der jüdischen Kultur; in diesem Geist wurden auch die Rabbiner am dortigen Seminar ausgebildet. Als Frucht des besonderen geistigen Klimas, das im 19. Jahrhundert in Mitteleuropa herrschte, war die Breslauer Bibliothek ein wichtiger Bestandteil des deutsch-jüdischen, ja sogar des europäisch-jüdischen Kulturerbes.

Das reiche kulturelle Leben der Breslauer Juden spiegelt sich auch in der Tätigkeit des Jüdischen Museums wider, das 1928 von Mitgliedern der jüdischen Gemeinde gegründet wurde, unter anderem von dem Unternehmer und Kunstsammler Max Silberberg (1878–1942). Das Museum führte seine Tätigkeit auch nach der Machtübertragung auf die Nationalsozialisten fort und zeigte bis 1938 Kunstausstellungen, die der jüdischen Geschichte Schlesiens und ihrem Beitrag zur Kultur der Provinz gewidmet waren. In den 1920er Jahren wurde neben der Bibliothek des Jüdisch-Theologischen Seminars außerdem ein Gemeindearchiv eröffnet, das historische Dokumente zur jüdischen Bevölkerung der Stadt und anderer jüdischer Gemeinden in Schlesien bewahrte, die teils bis ins 17. Jahrhundert zurückreichten.

Die jüdische Bevölkerung hatte im 19. Jahrhundert auch einen prägenden Einfluss auf die Wirtschaft und Gesellschaft Schlesiens sowie auf dessen Kulturleben – als Künstler, aber auch als Förderer von Kunst und Kultur. »Die Konzerte der Philharmonie, das Lobe-Theater und alle anderen Theater hätten ohne Mäzenatentum der jüdischen Bevölkerung nicht auskommen können«, bemerkte der in Breslau geborene jüdische Soziologe Norbert Elias.[19] Die starke Akkulturation war damals ein Hauptmerkmal von Angehörigen der schlesisch-jüdischen Mittel- und Oberschicht. Doch trotz ihrer Nähe zur deutschen Kultur trat ihnen ihre Umgebung nicht immer mit offenen Armen entgegen, sondern auch feindselig und diskriminierend. »Politisch waren die Juden Außenseiter, doch gleichzeitig waren sie Träger des deutschen Kulturlebens«, schreibt Elias in seinen Erinnerungen« weiter über seine Geburtsstadt.[20]

Es sei erwähnt, dass zur jüdischen Bevölkerung Schlesiens auch einige Gemeinden osteuropäischen Ursprungs gehörten. Als Grenzland zwischen Imperien und später zwischen Nationalstaaten war Schlesien ein Knotenpunkt des Handels, der Politik und der Kultur zwischen Ost- und Westeuropa und entwickelte sich zu einer kulturell, ethnisch und sprachlich vielfältigen Region. Die Präsenz osteuropäischer Juden nahm auch hier stark zu, als nach dem Ersten Weltkrieg und dem Zerfall der Imperien Tausende Juden ohne Bürgerrechte zur Emigration gezwungen waren. Allein zwischen 1918 und 1921 verließen 200 000 Juden Sowjetrussland. Deutschland war oft die erste Station auf ihrem Weg: Ein Teil zog weiter in Richtung Westeuropa, nach Palästina oder in die Vereinigten Staaten, doch ein bedeutender Teil ließ sich schließlich hier nieder. In den 1920er Jahren lebten in Breslau rund 23 000 Juden, von denen etwa ein Zehntel osteuropäischer Herkunft war. Diese unterhielten zwar eigene Synagogen, doch blieb die deutsch-jüdische Kultur in der Stadt dominant.

Das Verhältnis zwischen den nichtjüdischen Deutschen und den Juden Schlesiens kannte verschiedene Phasen, bessere und schlechtere, die in der Regel vom jeweils in Deutschland herrschenden Zeitgeist beeinflusst waren. Als etwa in der zweiten Hälfte des 19. Jahrhunderts der Antisemitismus in der deutschen Bevölkerung zunahm, stellte Schlesien keine Ausnahme dar. Gerade in jener Provinz schien das antijüdische Sentiment besonders verbreitet. Als 1880 etwa in Deutschland eine Petition die Entfernung von Juden aus öffentlichen Ämtern und Lehrämtern forderte, wurde diese in Schlesien von etwa 50 000 Bewohnern unterschrieben, was rund einem Viertel aller Unterzeichner entsprach.[21] In den folgenden Jahren sollte sich die Situation noch verschlimmern. Die Region wurde immer häufiger Schauplatz von antisemitischen Vorstößen und Bewegungen sowie von Gewaltausbrüchen gegen die jüdische Bevölkerung, besonders nach dem Ersten Weltkrieg, als die antisemitische Stimmung in Deutschland angeheizt wurde durch die Wirtschaftskrise und die große soziale Depression nach Unterzeichnung des Friedensvertrags, der Deutschland die Hauptkriegsschuld zusprach und Gebietsabtretungen bestimmte.

Die Machtübertragung auf die Nationalsozialisten beschleunigte die Verschlechterung der Beziehungen zwischen jüdischen und nichtjüdischen Deutschen im ganzen Land. Hitler genoss in Niederschlesien besondere Popularität, bei den Wahlen im Juli 1932 erhielt die NSDAP dort 43,5 Prozent der Stimmen bei einem durchschnittlichen Stimmenanteil in ganz Deutschland von 37,27 Prozent. Nach der Ernennung Hitlers zum Reichskanzler im Januar 1933 übernahm die Partei rasch die Kontrolle über die regionale Verwaltung und die Sicherheitsorgane der Provinz.[22] In den folgenden sechs Jahren erlebten die Juden Schlesiens jene Verfolgungen, die Juden in ganz Deutschland vernichtend trafen, angefangen von Berufsverboten und Entlassungen über Boykotts und Schließungen von Geschäften bis zu den Rassengesetzen von 1935 und dem Verlust ihrer Vermögen. Anfangs versuchten sich die jüdischen Gemeinden auch in Niederschlesien mit den neuen Verhältnissen zu arrangieren. Angesichts der

Entfernung der Juden aus dem öffentlichen Dienst und der Entlassung von jüdischen Anwälten, Ärzten, Steuerberatern usw. aufgrund einer Reihe von Gesetzen, die im April 1933 erlassen wurden, richtete die jüdische Gemeinde in Breslau Berufsberatungsdienste für die Entlassenen ein. Allein im ersten Jahr stellten in der Provinz ansässige Juden etwa elfeinhalbtausend Anträge.[23] Aufgrund der Ausgrenzung aus dem Kulturleben der Stadt gründeten Gemeindemitglieder zudem alternative Institutionen. Im Mai 1934 wurde die Gemeinschaft der Freunde Jüdischer Kultur unter der Führung von Max Silberberg gegründet, um Veranstaltungen für die Menschen durchzuführen, die nicht mehr am allgemeinen Kulturleben teilnehmen durften. Auch das Jüdische Museum setzte seine Tätigkeit fort und zeigte sogar Sonderausstellungen, zuletzt *Das jüdische Bildnis in Schlesien 1800–1860* von November 1936 bis Januar 1937. Gleichzeitig kümmerte sich die Gemeinde um den Zugang zu Bildung für jüdische Kinder und Jugendliche, der aufgrund des Numerus Clausus in Schulen und anderen Bildungseinrichtungen erschwert wurde. Neben der Erweiterung der bestehenden jüdischen Schule am Rehdingerplatz eröffnete die jüdische Gemeinde eine weitere, liberaler orientierte Schule Am Anger (Angerschule), um Hunderte Schüler aufzunehmen, die aufgrund des Gesetzes gegen die Überfüllung deutscher Schulen und Hochschulen die öffentlichen Bildungseinrichtungen verlassen mussten. Der Unterricht fand bis November 1938 geordnet statt, dann wurde die Angerschule geschlossen, ihre Schüler übernahm die Schule am Rehdingerplatz. Diese bestand bis 1940, als dann das Gebäude der Hitlerjugend übergeben wurde. Auch in den Kriegsjahren versuchte die Gemeinde, durch Lerngruppen und improvisierte Schulen Unterricht zu ermöglichen. Die letzten dieser Angebote mussten 1942 geschlossen werden.

Durch gezielte und höchst aufwendige Hilfsaktionen gelang es der Breslauer Gemeinde in den ersten Jahren der NS-Diktatur noch, die Zerstörung des jüdischen Lebens in Schlesien etwas abzufedern. Doch wie der Historiker Abraham Ascher bemerkt, änderte sich die Lage ab 1937, als Hitler und seine Helfer begannen, energischer gegen Juden vorzugehen, und ihre Kampagne zur Beschlagnahmung jüdischen Vermögens intensivierten.[24] Dieser Beschluss führte in Schlesien zu einer breiten Welle von Enteignungen und zur Liquidierung jüdischer Geschäfte durch die Behörden. Diesmal reichten die bescheidenen Mittel der lokalen jüdischen Institutionen nicht mehr aus, um die Situation zu kompensieren. Angesichts zunehmender Verfolgung versuchten viele auszuwandern, doch die Möglichkeiten waren damals bereits sehr begrenzt, erforderten größere finanzielle Ressourcen und waren oft mit erheblichem Wohlstands- und Vermögensverlust, dem Auseinanderreißen von Familien und der Loslösung aus sozialen Bindungen verbunden. »Man hört immer wieder von neuen materiellen Schwierigkeiten, die bei der Auswanderung gemacht werden«, notierte der Historiker und Lehrer Willy Cohn über die Auswanderungsbedingungen Anfang 1939 in sein Tagebuch: »Jetzt darf man an Silber für jede Person nur immer ein Stück mitnehmen, bis wir einmal soweit sein werden, wird nicht mehr viel übrig bleiben, was man überhaupt mitnehmen kann [...].«[25] Abgesehen von den drakonischen Gesetzen, die darauf zielten, möglichst viel jüdisches Vermögen im Inland zu belassen und zu konfiszieren, wurde die Auswanderung durch die Weltwirtschaftskrise erschwert, die viele Staaten zur Reduzierung ihrer Einwanderungsquoten veranlasst hatte. Unter diesen Umständen waren viele Juden, auch Willy Cohn und seine Familie, zum Verbleib gezwungen. Bei Kriegsausbruch wohnten in Breslau immer noch elf- bis dreizehntausend Juden, halb so viele wie 1925. Dieser Rückgang spiegelt etwa die Ausmaße der jüdischen Emigration in ganz Deutschland wider. Ein Großteil derer, die bis 1939 nicht geflohen waren, kam in der Schoah um – durch Hunger, Krankheiten oder während der Deportationen, bei Hinrichtungen oder Zwangsarbeit, in Ghettos, Konzentrationslagern (oft in Schlesien selbst: Tormersdorf, Riebnig und Grüssau) und in

Vernichtungslagern. Die Massendeportationen in den »Osten« begannen 1941. Bis 1944 verlor Schlesien dadurch fast seine gesamte jüdische Bevölkerung. Die kleine Gruppe, die in der Region überlebt hatte, setzte sich fast nur aus Partnern in sogenannten »Mischehen« sowie aus Personen zusammen, die in Verstecken oder Arbeitslagern durchkamen.

In den frühen 1930er Jahren nahm auch die Gewalt gegen das materielle jüdische Erbe in Deutschland zu, anfangs mit stillschweigender Duldung der Behörden, sodann mit ihrer Unterstützung. Zum Ziel wurden jüdische oder als jüdisch aufgefasste Kulturgüter – unter anderem Literatur, Kunstgegenstände, Monumente und religiöse Gegenstände – sowohl im privaten als auch im öffentlichen Raum. In Niederschlesien spielten sich diese Plünderungen und Zerstörungen vor allem in zwei Wellen ab, die den Verlauf des Kampfes gegen die jüdische Kultur in Deutschland veranschaulichen.

Die erste Welle ereignete sich kurz nach Hitlers Machtantritt. Einem Aufruf der Deutschen Studentenschaft folgend wurden auf dem Höhepunkt der »Aktion wider den undeutschen Geist« am 10. Mai 1933 in etlichen deutschen Universitätsstädten, etwa in Berlin, Frankfurt am Main, Göttingen, Marburg, Bonn, Dresden und auch in Breslau, Bücherverbrennungen organisiert. Auf dem Gelände der Universität Breslau wurden rund zehntausend Bände in Brand gesetzt, darunter religiöse Bücher und Literatur jüdischer Autoren. Neben der physischen Vernichtung von Werken jüdischer Autoren verlieh diese Aktion den in ganz Deutschland und besonders in Schlesien verbreiteten individuellen Akten des Vandalismus gegen jüdische Kultureinrichtungen in einer Atmosphäre revolutionärer Begeisterung gesellschaftliche Legitimation. Gewalt gegen das materielle jüdische Erbe bestand jedoch nicht nur aus spontanen Aktionen der Bevölkerung, sondern sie wurde rasch zu einem Grundpfeiler antijüdischer Politik in Deutschland.

Eine zweite Welle der Gewalt gegen die jüdische Kultur ergriff Niederschlesien mit den Pogromen vom November 1938;

sie zählen zu den dunkelsten Momenten in der Geschichte jüdischen Kulturbesitzes in Deutschland. In Niederschlesien betraf das Plündern und Niederbrennen die Synagogen in Bunzlau, Glogau, Landeshut (Kamienna Góra), Glatz, Liegnitz, Oels (Oleśnica), Neumarkt, Waldenburg (Wałbrzych) und Frankenstein (Ząbkowice Śląskie) sowie Friedhöfe in Dyhernfurth (Brzeg Dolny), Hirschberg und Schweidnitz. In Breslau brannte der Mob das prachtvolle Gebäude der Neuen Synagoge der liberalen Gemeinde nieder und beschädigte die anderen Gebetshäuser und die jüdischen Geschäfte in der Stadt schwer. Zudem wurden in derselben Nacht das Gemeindearchiv und die berühmte Bibliothek des Jüdisch-Theologischen Seminars geplündert.

Während Plünderungen anfangs noch der Ausgrenzung dienten, spielten sie ab Kriegsausbruch eine wichtige Rolle bei der Vernichtung des deutschen Judentums. In Schlesien manifestierte sich diese Änderung in der Enteignung bekannter Kunstsammler ab Dezember 1939. Der bekannteste Fall, bei dem der Raub jüdischen Kulturbesitzes mit der Ermordung seiner Eigentümer verbunden war, dürfte die Beschlagnahme der privaten Kunstsammlung von Max Silberberg 1940 gewesen sein – einer Sammlung, die Arbeiten der größten Maler der westlichen Kultur umfasste, darunter Claude Monet, Eugène Delacroix, Vincent van Gogh und Pierre-Auguste Renoir. Ein Jahr, nachdem ihm das Lebenswerk genommen worden war, wurde Silberberg zusammen mit seiner Frau in das Konzentrationslager Leubus deportiert und von dort wahrscheinlich nach Auschwitz. Beide kamen ums Leben, ihre Kunstsammlung verstreute sich auf der ganzen Welt.

Im Kriegsverlauf erlitt jüdisches Eigentum in der Region weiteren Schaden durch Plünderungen der Gestapo, der Wehrmacht und der ansässigen Bevölkerung. Das Ausmaß der Zerstörungen verhieß auch in Niederschlesien den endgültigen Untergang der jüdischen Welt. Nur ein Bruchteil der Kulturgüter überdauerte den Krieg. Als dann die polnisch-jüdischen Neusiedler mit den Relikten niederschlesischjüdischen Kulturbesitzes konfrontiert wurden, begegneten sie auch den wenigen Überlebenden, denen eine Rückkehr gelungen war. Das Verhältnis zwischen diesen beiden Gruppen nach 1945 bildet jene Folie ab, vor der das Verhältnis der neuen jüdischen Bevölkerung zu dem ihr nun anvertrauten deutsch-jüdischen Erbe zu verstehen ist.

Willkommen zurück?
Die jüdischen Neusiedler und überlebende deutsch-jüdische Schlesier

Von den jüdischen Bewohnern, die bis zum Kriegsausbruch in Niederschlesien ausharrten, überlebten nur wenige den Krieg, und es gibt keine genauen statistischen Daten zu diesen Rückkehrern. Einerseits meldeten sich nicht alle bei den lokalen Behörden oder bei jüdischen Organisationen, andererseits wechselten jene, die sich registriert hatten, auf der Suche nach Familienangehörigen und Bekannten häufig ihren Aufenthalt und meldeten sich manchmal in mehreren Orten gleichzeitig an. Dennoch lässt sich der Umfang des Verlusts an jüdischen Gemeinden in Schlesien an statistischen Zahlen zu einigen Orten ablesen, über die in jüngster Zeit geforscht wurde. Demnach kehrten nach dem Krieg zwischen 1600 und 1800 überlebende deutsche Juden nach Wrocław zurück.[26] In Jelenia Góra, dessen Gemeinde in ihrer Blütezeit 450 Mitglieder gezählt hatte, meldeten sich im August 1945 achtzig Personen, doch umfaßte diese Zahl offenbar sowohl deutsch-jüdische als auch polnisch-jüdische Überlebende.[27] Von den einhundert Juden, die Anfang der 1930er Jahre in Bunzlau gewohnt hatten, kehrten nach dem Krieg nur acht zurück, nach Wałbrzych etwas mehr als ein Dutzend Überlebende.[28] In der gesamten ehemaligen Grafschaft Glatz (Ziemia Kłodzka) meldeten sich 189 Juden, unter ihnen nicht nur Einheimische, sondern auch Zuzügler aus Breslau und Berlin.[29] Zum Vergleich, im Jahr 1925 wohnten dort noch

346 Juden.[30] Um die Bedeutung dieser Zahlen zu verstehen, sei daran erinnert, dass viele Kleinstädte und Dörfer in der Region gar keine jüdischen Rückkehrer verzeichneten.

Der physische und psychische Zustand der Rückkehrer war in den meisten Fällen sehr schlecht. Jahre der Verfolgung und Entbehrung, im Versteck, unter falscher Identität, in Zwangsarbeit oder in den Lagern hatten tiefe Spuren hinterlassen. Zu diesem Trauma gesellte sich bald ein weiteres – der Verlust des vertrauten Lebensumfelds, das inzwischen an einen anderen Staat übergegangen war, in dem plötzlich andere Menschen lebten und sich in fremden Sprachen verständigten. Bei ihrer Ankunft in Schlesien waren sich die Rückkehrer der inzwischen erfolgten Grenzverschiebungen oft nicht bewusst. Die neuen Machthaber in der Region – sowjetische Soldaten und polnische Beamte – machten vielfach keinen Unterschied zwischen deutschen Juden und nichtjüdischen Deutschen und unterwarfen alle denselben Unterdrückungsmaßnahmen einschließlich Zwangsarbeit und einer Beschränkung der Lebensmittelzuteilungen, obwohl die polnischen Behörden den deutsch-jüdischen Überlebenden ab Anfang Juni 1945 Sonderbescheinigungen über ihren Status als Opfer der nationalsozialistischen Besatzung ausstellten. Dieses Missverständnis trat auch in anderen Ländern auf, in denen es damals zur Vertreibung der deutschen Bevölkerung kam, etwa in der Tschechoslowakei, wo ebenfalls deutschsprachige Schoah-Überlebende von Übergriffen auf die deutsche Bevölkerung betroffen waren. Die Soldaten der Roten Armee »glauben nicht, dass wir Juden sind«, erzählte Karla Wolff, die den Krieg dank ihres nichtjüdischen Ehemanns überlebt hatte, »sie sind doch durch Polen gekommen und haben sicherlich die Lager und die Massengräber gesehen, sie wussten, dass alle Juden vernichtet waren. Erzähl nun ihnen, was Mischehen waren, warum wir nicht in einem Lager waren und nicht kaputt.«[31] Die unscharfe Trennung hatte nicht nur mit Kommunikationsschwierigkeiten oder mangelnder Kenntnis der deutsch-jüdischen Welt unter nationalsozialistischer Herrschaft einschließlich zynischer Feinheiten wie der »Mischehe« zu tun, sondern auch mit dem allgemeinen Misstrauen gegen alles Deutsche, bei einzelnen Beamten oder Soldaten auch aus persönlichen Motiven, die Vergeltung für erlittenes Leid oder persönliche Bereicherung suchten. Zusätzlich berichteten manche deutsch-jüdische Überlebende in Ehen mit Nichtjuden von der Mühe, ihre nichtjüdischen Ehepartner vor antideutschen Übergriffen zu schützen, obwohl sie ihnen das Überleben verdankten. Abgesehen von ihrem ungeklärten rechtlichen Status waren die deutsch-jüdischen Überlebenden in Niederschlesien noch vielen anderen Gefahren ausgesetzt, die sämtliche Bewohner der Region bedrohten: Überfällen von Plünderern, Vergewaltigern und anderen Kriminellen.

In dieser rauen Wirklichkeit versuchten sich manche Überlebende zu reorganisieren und Gemeindestrukturen aufzubauen, die ihre Interessen vertreten sollten. Dieser Versuch wurde bald zum Hauptstreitpunkt zwischen ihnen und den polnischen Juden, die sich in der Region niederließen. In Jelenia Góra gründeten die überlebenden deutschen Juden bereits im Juli 1945 ein Komitee, dem sich allein im ersten Monat rund achtzig deutsch-jüdische und polnisch-jüdische Überlebende anschlossen. Doch schon im August wurde die Führung dieses Gremiums von polnischen Juden übernommen, denen es inzwischen gelungen war, die Anerkennung der polnischen Behörden als offizielle Vertretung der jüdischen Bevölkerung in der Stadt zu erlangen. Daraufhin waren die deutschen Juden nur noch mit zwei Sitzen vertreten.[32] In Wrocław war die Führungsfrage besonders akut. Während beide Gruppen dieselben Gebäude in der Włodkowica (Wallstraße) benutzten, die vor dem Krieg der örtlichen jüdischen Gemeinde gehört hatten, führten sie alle ihre Angelegenheiten getrennt: Lebensmittelversorgung, Wohnungszuteilung, Rechtshilfe, zionistische Aktivitäten und Gottesdienste, sogar an Festtagen – räumlich nahe, aber weltanschaulich weit voneinander entfernt. Jede Gruppe hatte ihre eigene politische Führung: Während die deutsch-jüdischen Überlebenden bereits im Mai 1945 ein jüdisches Komitee in Wrocław gegründet hatten, wurden die polnischen Juden der Stadt vom Woiwodschaftskomitee der Polnischen Juden für Niederschlesien (Wojewódzki Komitet Żydów Polskich na Dolny Śląsk) vertreten, das sich einen Monat später in Rychbach als Vertretung sämtlicher Juden der Region konstituiert hatte. Es wurde von dem in Borysław bei Lwów geborenen Jakub Egit geleitet, der selbst Neusiedler war und den Krieg im Exil in Kasachstan überlebt hatte. Zeitzeugenberichten zufolge waren die Kontakte zwischen deutschen und polnischen Juden im Alltag sporadisch und ohne besondere gegenseitige Sympathie. Dahingegen entbrannte bald ein scharfer Konkurrenzkampf zwischen den beiden Komitees um die knappen gemeinsamen Ressourcen. Albert Hadda, ein führendes Mitglied des deutsch-jüdischen Komitees, fand für das Verhältnis aussagekräftige Worte: »Das Leben mit den polnischen Juden in Wrocław war alles andere als angenehm.«[33] Eine weitere Darstellung des angespannten Verhältnisses zwischen den beiden Gremien findet sich in einem Bericht von Mojżesz Linkowski, einem Mitglied des polnisch-jüdischen Komitees, vom ersten Treffen beider jüdischer Vertretungen in Wrocław im September 1945:

> »Am 10. August fuhr ich nach Wrocław, um das Ortskomitee dem Woiwodschaftskomitee in Rychbach zu unterstellen. Ich habe diese Angelegenheit mit dem Vorsitzenden, Dr. Kuznicki, und dem Vorstand des Komitees besprochen [...]. Im Laufe des Gesprächs informierte ich sie über den Zweck meines Besuchs, beschrieb das Leben der Juden und unsere Aktivitäten in Niederschlesien, die bisherigen Erfolge und skizzierte den Plan für unsere weiteren Aktivitäten, die sich auf die Konsolidierung und Zusammenarbeit des gesamten niederschlesischen Judentums und insbesondere des Komitees in Wrocław konzentrieren müssen. [...] Dr. Kuznicki meinte, er sei erfreut, dass ich

gekommen sei [...], aber es komme nicht infrage, dass das Komitee dem Woiwodschaftskomitee in Rychbach unterstellt werde, da es sich beim Komitee in Wrocław um ein unabhängiges Komitee handle, das vom Zentralkomitee [in Warschau] und von Minister Grabowski[34] anerkannt worden sei [...]. Die Juden von Wrocław leben immer noch mit der Mentalität ihrer früheren Herrlichkeit und es ist mir nur mit Mühe gelungen, sie davon zu überzeugen, dass es uns nicht um die Stadt geht [...]. In der anschließenden Diskussion, an der auch der Referent der Historikerkommission Prof. [Noah] Grüss teilnahm, warf uns das Komitee in Wrocław vor, sich bis jetzt nicht für die deutschen Juden interessiert zu haben und sie wie Fremde zu behandeln. Von den deutschen Juden seien dazu aus Rychbach, Wałbrzych und Kłodzko Beschwerden eingegangen. Ich wies alle diese Behauptungen als unbegründet zurück [...].«[35]

Das Archivmaterial zeigt nicht eindeutig, ob die von polnischen Juden in ganz Schlesien errichteten Komitees tatsächlich deutsch-jüdische Schoah-Überlebende benachteiligten oder aber, wie Linkowski im weiteren Verlauf seines Berichts behauptet, allen Überlebenden ohne Rücksicht auf deren Herkunft halfen, die deutschen Juden jedoch nicht um Unterstützung baten. Jedenfalls hatten sich die Komitees in den wenigen dokumentierten Fällen, in denen deutsche Juden ihren Status in Polen zu regeln versuchten – fraglos eine große Herausforderung –, als relativ passiv und manchmal sogar als Störfaktor erwiesen. Als zum Beispiel der Einbürgerungsantrag von Walter Freund aus Duszniki Zdrój (Bad Reinerz) mehrmals durch die polnischen Behörden abgelehnt wurde, intervenierte das lokale Komitee nicht zu seinen Gunsten. Um der Aussiedlung zu entgehen und als Arzt weiter in einem Sanatorium der Stadt arbeiten zu können, erhielt er schließlich – offenbar wegen seines gefragten Berufes – eine provisorische Aufenthaltsgenehmigung, nicht aber die polnische Staatsbürgerschaft.[36] Auch für Paula Goldmann aus Pisarzowice (Schreibendorf) bei Kamienna Góra, deren Antrag auf dauerhaften Aufenthalt abgelehnt wurde, setzte sich das polnisch-jüdische Komitee nicht ein. In ihrem Fall hatte das besonders schwerwiegende Konsequenzen: Da die Ausstellung von Bestätigungen über die jüdische Herkunft allein in der Kompetenz der jüdischen Komitees lag, erhielt Goldmann ohne diesen Nachweis kein Aufenthaltsrecht, obwohl sie in ihrem Antrag Zeugen zur Bestätigung der Angaben nannte.[37] Generell kann für Niederschlesien gesagt werden, dass der Einsatz der Komitees für polnische Juden gut dokumentiert ist, während deutsche Juden in den Archivdokumenten kaum erwähnt werden. Dieses Schweigen der Quellen scheint kein Zufall zu sein, sondern es deutet darauf hin, dass deutsche Juden, sofern sie nicht komplett ignoriert wurden, doch zumindest bei der polnisch-jüdischen Führung eine niedrige Priorität einnahmen. Diese Gleichgültigkeit wird teilweise zurückgeführt auf das schon vor dem Krieg angespannte Verhältnis zwischen deutschen und osteuropäischen Juden, deren Kultur Erstere häufig abschätzig betrachteten. Vor dem Hintergrund der schwierigen Lebensumstände in den polnischen Westgebieten tendierten die Komitees offenbar dazu, zuerst jenen zu helfen, deren Herkunft und konkrete Fluchterfahrung sie eher teilten. So wandte sich das Woiwodschaftskomitee der Polnischen Juden für Niederschlesien erst 1947 mit der Bitte an das Zentralkomitee, den in der Region niedergelassenen deutschen Juden ein permanentes Aufenthaltsrecht zu gewähren. Jakub Egit schrieb an den Vorstand des Zentralkomitees der Juden in Polen in Warschau:

»Diese Menschen haben die polnische Staatsbürgerschaft bislang nicht erhalten, ihre Anträge auf Anerkennung als Autochthone wurden ebenfalls abgelehnt, und die lokalen Behörden wollen sie nach Deutschland aussiedeln, während diese Menschen nicht dorthin fahren und unter Feinden leben wollen. Die lokalen Behörden behandeln sie wie Deutsche [...]. Diese Menschen stehen dem neuen Polen, das ihr Leben gerettet hat und ihnen die Möglichkeit zu einer friedlichen Existenz bot, sehr positiv gegenüber. Wir bitten Sie, bei den Zentralbehörden [...] zu intervenieren, um ihnen den Verbleib an den bisherigen Wohnorten zu ermöglichen [...] und ihnen die polnische Staatsbürgerschaft zu verleihen.«[38]

Zum Zeitpunkt der Abfassung dieses Schreibens hatte allerdings ein Großteil der deutsch-jüdischen Überlebenden Niederschlesien bereits verlassen. Im Jahr 1947 hielten sich in der Provinz nur noch 135 deutsche Juden auf,[39] die ersten Polen waren im August 1945 schon wieder weitergezogen: Nachdem die Grenzverschiebung auf der Potsdamer Konferenz offiziell beschlossen worden war, siedelten etwa 1200 deutsche Juden von Wrocław nach Erfurt über. Viele folgten ihnen bis zum Sommer 1946 und verließen Polen zusammen mit den vertriebenen Deutschen. Die Ausreise von nichtjüdischen und jüdischen Deutschen in denselben von Deutschland für die Evakuierung bereitgestellten Zügen ist eine Ironie der Geschichte, die den ungeklärten Status des alteingesessenen Judentums im Polen der Nachkriegszeit reflektiert. Zudem zeigt sie, dass die geteilten traumatischen Erfahrungen der Schoah offenbar nicht für eine Annäherung der beiden Gruppen von Überlebenden ausreichten, von gemeinschaftlichem Bewusstsein ganz zu schweigen.

Die Kluft zwischen den neuen jüdischen Gemeinden und deutschen Juden zeigt sich noch deutlicher in Berichten von späteren Besuchern der Region. Wie der Historiker Andrew Demshuk feststellt, bekundeten Juden, die in Niederschlesien auf Besuch in der alten Heimat waren, kein besonderes Interesse an der neuen jüdischen Bevölkerung, ganz im Gegensatz zu den vertriebenen Deutschen, die oft den Kontakt zu dort gebliebenen Deutschen suchten.[40] Obwohl die neuen Gemeinschaften das sehr emotional behandelte deutsch-jüdische materielle Erbe verwalteten, entstand daraus offenbar weder eine gemeinsame Basis noch ein Gefühl der Kontinuität. Wie der Bericht von Walter Laqueur zeigt, der 1921 in Breslau geboren war und 25 Jahre nach seiner Flucht aus Nazideutschland nach Palästina Wrocław 1963 zum ersten Mal wieder besuchte, hob der Umstand, dass sich das deutsch-jüdische Erbe nun in neuer Hand befand, den Bruch zwischen den jüdischen Gemeinden Schlesiens vor und nach 1945 nur noch deutlicher hervor. Bei seinem Streifzug durch die Stadt stellte Laqueur fest: »Alle Spuren der deutschen Vergangenheit Breslaus sind sorgfältig gelöscht worden«, lediglich ein deutschsprachiger Schriftzug in der Ulica Włodkowica (Wallstraße) habe »auf das einstige Büro der jüdischen Gemeinde« hingewiesen. »Im selben Gebäude befindet sich übrigens wieder die neue, polnisch-jüdische Gemeinde; sie ist nur ein Bruchteil der alten deutsch-jüdischen Gemeinde und hat mit dieser nichts zu tun.«[41] Die Inschrift, schätzte Laqueur, sei nur verblieben, weil sie in Stein gemeißelt gewesen sei, »und man hatte sie wahrscheinlich nicht entfernen können, ohne das Haus zu beschädigen«.[42] Die jüdische Präsenz in seiner Geburtsstadt allein genügte also nicht, um eine Brücke zwischen Vergangenheit und Gegenwart zu schlagen. Laqueurs Eindrücke von der Stadt scheinen vor allem von der Empfindung des Verlusts bestimmt zu sein:

»Nicht nur, dass die Namen der Straßen sich geändert hatten; ich hatte erwartet, ein Haus zu sehen oder die Ruinen eines Hauses oder ein neues Haus an Stelle des alten. Ich fand nichts [...]; Schutt und Trümmer waren schon vor vielen Jahren abgeräumt worden, jetzt wucherte Unkraut, ein paar gelbe Blumen, einige Sträucher hier und dort. [...] Die ganze Gegend musste auf jemanden, der sie nicht kannte, einen ebenso verlassenen wie friedlichen Eindruck machen. Für den, der hier einmal gewohnt hatte, schien es unfassbar: Das Nichts kann einen ebenso starken Eindruck hinterlassen wie Ruinen.«[43]

Auch für andere Besucher war das Wiedersehen mit Wrocław vor allem eine Begegnung mit jenem »Nichts«, mit dem fast völligen Fehlen der Vergangenheit. »Nicht wiederzusehen. Lehm. Luft«, schreibt der 1902 in Breslau geborene Günther Anders im Jahr 1966 über einen Besuch in der Straße, wo einst das Haus seiner Familie stand.[44] Es war der erste Besuch in seiner Heimatstadt seit seiner Flucht nach Paris im Jahr 1933. Ähnliche Eindrücke schildert er vom Besuch in der Umgebung der Schule, die er als Jugendlicher besucht hatte:

> »Da jene Untertertia, in der wir die Redensart ›dem Erdboden gleichmachen‹ gelernt hatten, und die Schule, deren Untertertia wir gewesen waren, und die Straße in der diese Schule gestanden hatte, und der Stadtteil, durch den diese Straße verlaufen war, und die Stadt, zu der dieser Stadtteil gehört hatte, da all das tatsächlich unauffindbar geworden ist, hat es sich nun also zu guter- oder schlimmerletzt herausgestellt, daß gerade das, was wir als reines Papier betrachtet hatten, die Redensart ›dem Erdboden gleichmachen‹, das einzige gewesen ist, was Bestand gehabt, und was sich als Wahrheit bewährt hat.«[45]

Parallel zur traurigen Feststellung über das Verschwinden des deutschen Niederschlesiens mitsamt seiner jüdischen Welt beäugten die Besucher die Ergebnisse der vom neuen Staat organisierten Polonisierungsaktionen. In ihren Schilderungen tauchen die auch von den polnischen Neusiedlern erwähnten materiellen Relikte deutscher Kultur – Bücher, Postkarten, Denkmäler, Haushaltsgegenstände, einzelne Inschriften, halbzerstörte Schilder usw. – oft auf, sofern sie den Versuchen der polnischen Behörden entgangen waren, die deutschen Wurzeln auszulöschen. Während solche Spuren für die neuen Bewohner eine ständige Erinnerung an die deutsche Prägung der Region darstellten, empfanden die jüdischen Besucher sie als entferntes Echo einer unwiederbringlich vernichteten Welt.«Wroclaw ist eine Realität«, schrieb Laqueur zum Abschluss seines Besuchs. »Die Stadt, die ich kannte, hatte bereits vor 1945 aufgehört zu existieren; das neue Wroclaw interessiert mich genausoviel und genausowenig wie Nürnberg oder Lodz oder Kiew.«[46]

Ähnlich gleichgültig blickt Günther Anders auf die Veränderungen in Niederschlesien unter polnischer Herrschaft. Seine Überlegungen zu den Ursprüngen des Degermanisierungsprozesses setzen nicht bei der Übergabe der Region an Polen ein, sondern bei der Machtübertragung auf die Nationalsozialisten:

»Immer wieder frage ich mich, wenn ich so durch die Straßen schlendere, ob es mir denn wirklich nichts ausmache, ob ich nicht doch in irgendeinem verborgenen Winkel meiner Seele darüber empört bin, daß diese Stadt nun eine polnische Stadt ist, nicht nur Wroclaw heißt, sondern Wroclaw wirklich ist. [...] [D]a lauf ich hier nun also herum, und gerade hier kann ich kein Wort reden und keines verstehen. Und fühle mich trotzdem nicht beleidigt? Nein. Nicht im mindesten. Nächstens voll Schmerz. Voll Schmerz darüber, daß ich nicht beleidigt bin, und darüber, daß ich nicht darunter leide. [...] Möglich, daß auch die Entdeutschung Breslaus mich einmal empört, sogar in Weißglut versetzt hat. Aber nicht diejenige Entdeutschung, die sich im Jahre 1945 abgespielt hat [...]. Angefangen hatte die Entdeutschung ja zwölf Jahre früher, im März 1933, und zwar [...] als Werk der Deutschen selbst.«[47]

Fritz Stern, 1926 in Breslau geboren und 1979 zu Besuch in Wrocław, mehr als vierzig Jahre nach seinem traumatischen Abschied von Deutschland im Jahr 1938, als er mit seinen Eltern vor der Naziherrschaft floh, gesteht in der Schilderung seiner Eindrücke, er habe angesichts der Polonisierung der Stadt nicht weniger als Erleichterung empfunden:

»Irgendwie hatte ich trotz allem noch immer das Gefühl, als ob bestimmte Winkel von Breslau mir gehörten, auch wenn die Rückkehr in eine Stadt, die auf der Ablehnung der Vergangenheit aufgebaut war, es für mich leichter machte, das Verschwinden meiner eigenen Vergangenheit zu akzeptieren. Ich mußte zugeben, daß die Rückkehr in eine polnisch gewordene Stadt in mancher Hinsicht einfacher war, als wenn dieselbe Stadt noch immer deutsch gewesen wäre; es hätte Unmut in mir erregt, auf Deutsche zu treffen, die in Breslau lebten, als wenn nichts geschehen wäre. So empfand ich keinen Groll, sondern nur dann und wann Ärger darüber, daß die Polen alle Anzeichen der deutschen Vergangenheit der Stadt (und meiner selbst) getilgt hatten – als hätten sie in dieser Hinsicht eine andere Wahl gehabt!«[48]

Während seines Aufenthalts in Schlesien hatte Stern Gelegenheit, die ehemalige Wohnung seiner Großmutter zu besuchen und mit dem neuen Bewohner zu sprechen. Während die neue jüdische Gemeinde in seiner Schilderung überhaupt nicht vorkommt, wird die Begegnung mit dem polnischen Hausbewohner zentral und ausführlich behandelt und sehr positiv dargestellt. Dem tat auch keinen Abbruch, dass Stern im Verlauf des Gesprächs einige Gegenstände wiedererkannte, die offensichtlich aus dem Besitz seiner Familie an den polnischen Hausbewohner übergegangen waren:

»Er ließ uns freundlicherweise herein, und sobald wir oben waren, erkannte ich alles wieder. Er führte uns in Omas Wohnzimmer, das jetzt seines war. An den Wänden hingen Gemälde, Zeichnungen und Radierungen, aber noch ehe ich hatte sehen können, was auf ihnen dargestellt war, öffnete der Mann sein Hemd und zeigte uns eine Tätowierung auf dem Oberkörper: Er sei fünf Jahre in Auschwitz, Birkenau und Buchenwald gewesen, erklärte er, und die Bilder zeigten ihn in Häftlingskleidung,

Kinder im Lager und andere Lagerszenen. [...] An diesem Punkt kehrten die Gefühle wieder zurück. Dieser ehemalige polnische Kavallerieoffizier, der nicht wußte, daß ich ein Deutscher, ein Jude war, wohnte jetzt im Haus meiner Großmutter, und er hatte genau die Erfahrungen durchgemacht, denen meine Eltern und ich nur mit knapper Not entgangen waren. Daß dieser beeindruckend robuste Mann jetzt in der einstmals schönen und so unsozialistischen Wohnung meiner Großmutter lebte, verschaffte mir Genugtuung; ich hatte ein Gefühl dankbaren Einverständnisses. [...] Ich sagte ihm, ich sei froh, daß er hier wohne. Es war ein kurzer, beglückender Moment der Zustimmung, daß in dieser verrückten Welt doch etwas gut ausgegangen war. Daß der schöne Teppich meiner Tante noch immer da lag, verstörte mich nicht.«[49]

Die Berichte von Laqueur, Anders und Stern sind freilich nicht repräsentativ für das Verhältnis der ehemaligen jüdischen Bewohner Breslaus zu den polnischen Neusiedlern. Sie spiegeln sicher ebenso wenig das Verhältnis der vertriebenen Deutschen zu den neuen Bewohnern. Die Bedeutung dieser Schilderungen scheint aber gerade darin zu liegen, dass sie nicht zu verallgemeinern sind, sondern den Blick auf eine Vielzahl individueller Erfahrungen und Begegnungen zwischen den alten und neuen Bewohnern Niederschlesiens freigeben. Diese Perspektive ergänzt das im vorigen Kapitel gezeichnete Bild und löst die vereinfachende dichotome Sichtweise auf, mit der wir das Verhältnis zwischen Polen, Juden und Deutschen nach 1945 gewöhnlich betrachten. Die gewisse Ambivalenz im Verhältnis zwischen polnischen und deutschen Juden in Schlesien nach dem Krieg manifestiert sich scheinbar doppelt. Bei den deutschen Juden zeigt sie sich in der Diskrepanz zwischen dem Interesse an materiellen Relikten früherer jüdischer Kultur und der Gleichgültigkeit gegenüber den polnisch-jüdischen Überlebenden, die sich nun an ihren ehemaligen Wohnorten ein neues Leben aufbauten. Mit Blick auf die polnischen Juden wird sie hingegen vom Kontrast zwischen dem Kontinuitätsversprechen der polnisch-jüdischen Vertreter und dem tatsächlichen Verhältnis zu den deutsch-jüdischen Schoah-Überlebenden verkörpert. Auf diese Zwiespältigkeit deutet exemplarisch der Umgang mit den nach dem Krieg entdeckten Überresten des Gemeindearchivs und der Bibliothek des Jüdisch-Theologischen Seminars in Breslau hin.

**Unverstanden und verschwiegen.
Das unterschlagene deutsch-jüdische Erbe**

Am 9. Oktober 1945 erschien im täglichen Nachrichtenbulletin der *Jewish Telegraphic Agency* unter der Schlagzeile »Überlebende polnische Juden errichten in Niederschlesien das neue jüdische Zentrum und schließen sich mit deutschen Juden zusammen« folgende Nachricht:

> »Hier wurde eine neue jüdische Kultusgemeinde gegründet mit 200 der 25 000 überlebenden deutschen Juden Breslaus. Diese übernahmen zusammen mit den polnischen Juden die Alte Synagoge und einige der jüdischen Archive, die von den Nazis nicht zerstört worden waren.«[50]

Wie in solchen Bulletins üblich, wurde die Nachricht anonym veröffentlicht, ein eventueller Auftraggeber ist unbekannt. Der Kontrast zwischen der optimistischen Botschaft und der Realität zeigt, dass die Nachricht eher einen propagandistischen als einen informativen Zweck verfolgte: Zum Zeitpunkt ihrer Veröffentlichung hatte ein Großteil der deutsch-jüdischen Schoah-Überlebenden die Region bereits verlassen, auch unter dem Eindruck von Konflikten mit der Führung der neuen jüdischen Gemeinde. Damals erschienen in der jüdischen Presse Polens und des Auslands weitere Beiträge, die sehr positiv über die neue jüdische Gemeinschaft berichteten. Sie wurden größtenteils angeregt vom jüdischen Woiwodschaftskomitee, das an der jüdischen Besiedlung Niederschlesiens interessiert war und jede Gelegenheit wahrnahm, um sich auch überregional die Unterstützung der jüdischen Öffentlichkeit zu sichern. Auch wenn sich nicht mit Sicherheit feststellen lässt, ob die Agenturnachricht vom polnisch-jüdischen Komitee bestellt war, ähnelt ihr beschönigender Ton jenen Publikationen doch sehr. Jedenfalls wurde als Grundlage für den bevorstehenden Zusammenschluss auf die Verbindung zwischen dem deutsch-jüdischen Erbe und den polnischen Juden verwiesen, die nicht nur das Eigentum der vormaligen Gemeinde (die Synagoge) übernehmen sollten, sondern auch ihren Kulturbesitz – das Gemeindearchiv. Wie noch zu zeigen sein wird, handelt es sich um eine stark vereinfachende Darstellung der Verbindung zwischen deutscher Vergangenheit und polnischer Gegenwart. Das Bulletin begnügt sich mit dieser knappen Feststellung und enthält keine Information zum weiteren Verlauf. Die Ereignisse allerdings waren damit nicht an ein Ende gelangt. Im Gegenteil gab es in den zwei folgenden Jahren neue Entwicklungen im Zusammenhang mit dem Auffinden der unzerstörten Überreste des Gemeindearchivs und der Bibliothek des Jüdisch-Theologischen Seminars in Breslau. Sie veranschaulichen das ambivalente Verhältnis der polnischen Juden zu diesem Kulturerbe sowie die Stärkung ihrer Position in Niederschlesien und ganz Polen.

Während ein Großteil der jüdischen Bibliotheken und Archive in Europa von den Nationalsozialisten restlos vernichtet wurde, blieben das Archiv und die Bibliothek in Breslau glücklicherweise in ihren wesentlichen Teilen erhalten. Wie bereits vermerkt, wurden beide während des Pogroms im November 1938 in Mitleidenschaft gezogen und später von der Gestapo unter Anleitung von Fritz Arlt, Leiter des Rassenpolitischen Amts der NSDAP im Gau Schlesien, beschlagnahmt. Dennoch entgingen sowohl die Bibliothek als auch das Archiv einer kompletten Zerstörung. Nach der Beschlagnahme wurde die Hälfte des Archivs nach Berlin überführt, wo sich seine Spur verlor. Die andere Hälfte blieb in Breslau, wurde von Gemeindemitgliedern auf einem der jüdischen Friedhöfe der Stadt versteckt und überdauerte so den Krieg. Die Sammlungen der Bibliothek wurden nach Berlin verbracht und dort in die Bestände der Bibliothek des Reichssicherheitshauptamts (RSHA) integriert. Diese Behörde war unter anderem für die Bekämpfung »reichs- und deutschfeindlicher Elemente« zuständig. Um den nationalsozialistischen Antisemitismus auch theoretisch zu untermauern, beschäftigten sich mehrere Abteilungen des RSHA mit jüdischer Kultur und Geschichte. Die zu diesem Zweck benötigte Literatur wurde in jüdischen Gemeinden innerhalb des nationalsozialistischen Machtbereichs geraubt. In Berlin wurden diese Bücher – darunter auch die Sammlung des Jüdisch-Theologischen Seminars in Breslau – von einer Gruppe jüdischer Gelehrter katalogisiert, die als Zwangsarbeiter im RSHA beschäftigt wurden. Im Jahr 1943 wurden die Sammlungen aufgrund der heranrückenden Front und der Bombengefahr in Berlin auf mehrere Verstecke verteilt, darunter Schlösser im Sudentenland, das Ghetto Theresienstadt in Böhmen und ein paar Standorte in Niederschlesien. So gelangte ein erheblicher Teil der geraubten schlesisch-jüdischen Kulturschätze ironischerweise wieder ganz in die Nähe seines Ursprungsortes. Nach dem Krieg wurden in drei niederschlesischen Depots jüdische Büchersammlungen entdeckt, die aus Berlin dorthin gelangt waren. Im Los dieser Sammlungen spiegeln sich die Faktoren, die das Schicksal des deutsch-jüdischen Erbes in Polen nach 1945 prägten.

Einer der Fundorte war das Schloss von Wilkanów (Wölfelsdorf) in der Grafschaft Glatz. Die dort eingelagerten Sammlungen, darunter auch Objekte aus Breslau, wurden von Soldaten der Roten Armee im Mai/Juni 1945 entdeckt. Sie überführten die Archivbestände, wie unzählige andere Kulturschätze auch, als Teil der Kriegsbeute nach Moskau. Die Überführung zeugt nicht nur von Quantität und Beutespektrum, sondern auch von den verwischten Grenzen zwischen deutschem und deutsch-jüdischem Eigentum. Die Unschärfe führte dazu, dass Letzteres in Niederschlesien faktisch zweimal geplündert wurde, zuerst durch die Nationalsozialisten und später durch sowjetische »Trophäenbrigaden«, die relevante Kulturgüter oft vor den polnischen Behörden aufspürten.

Ein anderer Bücherbestand fand sich in der Wohnung eines Gärtners in der Ortschaft Bytom Odrzański (Beuthen an der Oder). Es ist nicht bekannt, wie er in seinen Besitz gelangt war, vielleicht war er zufällig darauf gestoßen, vielleicht waren ihm die Bücher übergeben worden. Archivdokumenten ist lediglich zu entnehmen, dass der Gärtner, bevor die Führung der jüdischen Gemeinde in Schlesien einen Vertreter dorthin schicken konnte, die Bücher bereits verkauft hatte, »wahrscheinlich einem Juden, der zwei Wochen vor uns dort war, 12 000 Złoty zahlte und zwei Kisten und einen Koffer mit Handschriften und jüdischen Büchern mitnahm«.[51] Vom Käufer und den Büchern fehlt seither jede Spur. Schlesien war Durchgangsstation Zehntausender Schoah-Überlebender auf dem Weg in den Westen und möglicherweise hatte einer dieser Emigranten die Bestände aus Bytom Odrzański mitgenommen. Ein solcher Fall war in Polen keine Ausnahme, in der frühen Nachkriegszeit wurden zahlreiche jüdische Büchersammlungen – besonders jene, deren rechtmäßige Eigentümer nicht am Ort waren – von Privatleuten im ganzen Land zusammengetragen und veräußert. Hinweise darauf finden sich in vielen Darstellungen über den Aufbau jüdischer Bibliotheken im Nachkriegspolen, etwa bei Barbara Temkin-Bermanowa, der Gründerin der Jüdischen Zentralbibliothek (Centralna Biblioteka Żydowska) des Zentralkomitees der Juden in Polen in Warschau, über einen gescheiterten Versuch im Jahr 1945, Bücher von einem privaten Verkäufer in der Stadt zu erwerben:

»Im März erschien er beim Jüdischen Komitee und bot jüdische Bücher zum Kauf an. Fast einen Monat lang versuchte er, die Komiteevertreter dafür zu interessieren. [...] Ich habe mich meinerseits vergeblich nach seiner Adresse erkundigt, aber niemand hat sie notiert. Als er schließlich zu mir fand, war er bereits sehr verbittert über die langwierigen Verhandlungen und wollte, dass ich die Bücher sofort übernehme und bezahle (30 Złoty pro Band). Ich hatte damals noch keinerlei Mittel zur Verfügung, also bat ich darum, den Kauf auf den nächsten Tag zu verschieben. Als ich am nächsten Tag wiederkam, waren die Bücher schon verkauft. Sie wurden von einem privaten Käufer übernommen, der sofort bar bezahlte. So haben wir einige äußerst wertvolle Bücher verloren [...].«[52]

Solche – nur spärlich dokumentierten – Fälle veranschaulichen die Bedeutung zufälliger Funde für das Schicksal der jüdischen Bibliotheken in Polen nach 1945. Im Chaos der unmittelbaren Nachkriegszeit hing das Schicksal geraubter jüdischer Sammlungen weniger von einer klaren und konsequenten behördlichen Politik ab als vielmehr von einer Verkettung von Zufällen, unvorhersehbaren Wendungen und Entscheidungen von Einzelpersonen.

Die größte Sammlung jüdischer Bücher, die aus Berlin evakuiert und in Niederschlesien versteckt worden war, tauchte im Dorf Trzebieszowice (Kunzendorf a. d. Biele) bei Kłodzko auf. Die von Dorfbewohnern entdeckte Sammlung umfasste 20 000 Bücher, Handschriften und Archivalien. Als die Nachrichten über den Fund das jüdische Komitee in Kłodzko erreichten, wo zur damaligen Zeit 2300 bis 3800 jüdische Neusiedler lebten, gab es die Information an das Woiwodschaftskomitee der Polnischen Juden für Niederschlesien in Wrocław weiter. Zudem wandten sich Komiteemitglieder an die niederschlesische Zweigstelle der Zentralen Jüdischen Historischen Kommission (Centralna Żydowska Komisja Historyczna). Die Kommission war bereits Ende 1944 vom Zentralkomitee der Juden in Polen gegründet worden, wurde von dem Historiker Filip Friedman geleitet und hatte die Aufgabe, die Judenvernichtung in Polen zu dokumentieren und Kriegsverbrechen der Nazis aufzudecken. In diesem Rahmen sammelte es auch jüdische materielle Relikte. Nach Eintreffen der Nachricht begaben sich Vertreter nach Kunzendorf, um den Fund zu begutachten. In dem Besuchsbericht heißt es, das in Kunzendorf aufgefundene Material sei »von unschätzbarem Wert. Neben Büchern umfasst es zahlreiche wertvolle Handschriften aus dem 16., 17. und 18. Jahrhundert.«[53] Der Zentralen Jüdischen Historischen Kommission empfahl der Bericht, die Kulturschätze umgehend sicherzustellen. Um die Sammlung bis dahin vor Plünderern zu schützen, überführte sie das jüdische Komitee in Kłodzko in eines der Gemeindehäuser, wo mit der Katalogisierung begonnen wurde. Unter dem Raubgut befanden sich Archivdokumente der jüdischen Gemeinden in Berlin, Wien, Prag und Warschau sowie große Teile der Bibliothek des Jüdisch-Theologischen Seminars in Breslau einschließlich einiger besonders kostbarer Inkunabeln. Aufgrund der Zerstreuung der Bestände des Seminars ab 1938 kam diesem Fund eine herausgehobene Bedeutung zu. Die Emissäre des jüdischen Woiwodschaftskomitees in Wrocław prüften die Sammlungen in Kłodzko, woraufhin beschlossen wurde, sie in die Bibliothek des Komitees zu überführen, offenbar weil der jüdischen Gemeinde von Kłodzko die Mittel zur Instandhaltung der Bücher fehlten. Die Überführung stieß bei Vertretern der niederschlesischen Zweigstelle der Zentralen Jüdischen Historischen Kommission auf heftigen Widerstand, die befürchteten, das Woiwodschaftskomitee könnte die Schätze für sich behalten. An die Zentrale in Łódź schrieben sie:

»Wir teilen Ihnen mit, dass das Archiv aus Kunzeldorf [sic] [...] in diesen Tagen nach Wrocław transportiert wird [...]. Dies geschieht auf Anordnung des W. K. Z. [Wojewódzki Komitet Żydowski, Jüdisches Woiwodschaftskomitee] ohne jegliche Absprache mit uns. Das Komitee bemühte sich sogar zu verhindern, dass wir davon erfahren, und behauptete, als wir es herausfanden, dass es [das Archiv] aus einer anderen Quelle stamme.«[54]

Aufgrund der mangelhaften Dokumentation in den Archiven lässt sich nicht mit Sicherheit feststellen, ob die Befürchtungen der Vertreter der Zentralen Jüdischen Historischen Kommission berechtigt waren und ob das Woiwodschaftskomitee beabsichtigte, die Sammlung dauerhaft oder nur vorübergehend in Wrocław zu belassen.[55] Jedenfalls wurde die Frage rasch durch Intervention der Zentralen Jüdischen Historischen Kommission gelöst.

Die Kommission durchlief damals einen tiefen strukturellen Wandel und formierte sich als Jüdisches Historisches Institut (Żydowski Instytut Historyczny) neu, das im Herbst 1947 die Arbeit aufnahm. Es sollte die zentrale Forschungsinstitution zur jüdischen Geschichte in Polen werden und war deshalb daran interessiert, sämtliche auf polnischem Gebiet aufgefundene relevante Materialien zusammenzutragen. Nachdem der Kunzendorfer Fund bekannt geworden war, wandte sich der erste Leiter des Instituts, der Historiker Nachman Blumental, an die Leitung des Zentralkomitees der Juden in Polen in Warschau und forderte die Überführung der Bestände in das Zentralarchiv des polnischen Judentums (Centralne Archiwum Żydostwa Polskiego), dessen Gründung das Institut plante.[56] Das Institut schickte einen Vertreter nach Wrocław, der Anfang 1948 den Transfer der Sammlungen nach Warschau erwirkte. Die polnischen Behörden überwachten Gütertransfers aus den neuen Gebieten genau und dokumentierten auch diesen.[57] Der Transport enthielt neben Bibliotheksbeständen auch das Archiv der Breslauer jüdischen Gemeinde. Damit wurden diese Kulturgüter zum zweiten Mal aus ihrer Heimatstadt entfernt und bildeten nun paradoxerweise den Grundstock des Zentralarchivs des polnischen Judentums. Es ist bemerkenswert, dass die Einordnung der deutschen Sammlungen in ein Archiv mit ausgeprägt polnisch-nationaler Orientierung keinen Widerstand bei den Beteiligten auslöste. Möglicherweise waren sich die Mitarbeiter des Instituts der Zusammensetzung der Sammlung und deren deutscher Herkunft nicht bewusst. Im Empfangsprotokoll werden die Sammlungen sehr allgemein umschrieben, nämlich als »Akten mit verschiedenen Dokumenten, jüdische Handschriften, deutsche Handschriften, [...] religiöse Bücher, diverse Bücher, [...] Notizbücher in verschiedenen Sprachen« etc.[58] Die in Kunzendorf aufgefundenen deutsch-jüdischen Materialien bildeten in den folgenden Jahren die Grundlage der Institutsbibliothek. In den Institutspublikationen wurden sie oft als »Sammlungen des Rabbinerseminars in Wrocław« bezeichnet.[59] Die anachronistische Verwendung des polnischen Stadtnamens zur Bezeichnung des (deutsch-jüdischen) Rabbinerseminars macht hier einmal mehr die deutsch-jüdische Provenienz der Bücher unkenntlich.

Obwohl die Breslauer Sammlungen und im Besonderen die Inkunabeln zu den wertvollsten Beständen des Jüdischen Historischen Instituts gehören, wurden sie institutsintern weitgehend ignoriert, da die dominierenden Arbeiten zum Krieg damals auch in der polnischen akademischen Forschung stalinistischen Ansätzen folgten. In dieser Haltung und besonders in der vom polnischen Regime propagierten homogenen Nationalstaatlichkeit, die zwangsläufig gleichermaßen bei der Erforschung der Kriegsgeschichte zum Ausdruck kam, hatte das deutsche Erbe der Breslauer Juden keinen Platz. Nach der Aneignung dieser Kulturgüter folgten Jahre der Verdrängung. Die Bücher wurden zu stummen Zeugen und gerieten allmählich in Vergessenheit. Bereits 1949 vermerkte die Leiterin der Institutsbibliothek, Barbara Temkin-Bermanowa, unter den Sammlungen befände sich »eine größere Anzahl fremdsprachiger Judaica (vor allem deutsche), die noch nicht katalogisiert wurden und hauptsächlich aus der Bibliothek des Rabbinerseminars in Wrocław stammen. [...] [V]iele Dinge sind unter unseren Bedingungen nicht verwendbar.«[60] Ein signifikanter Ausdruck der Marginalisierung dieser Schätze ist ein Ereignis, das sich in den folgenden Jahrzehnten abspielte, als der wichtigste Teil der in Warschau aufbewahrten Breslauer Sammlungen – die Inkunabeln – unter ungeklärten Umständen verloren ging. Während das Institutsarchiv den Verlust dieser Kulturgüter nur dokumentierte, ohne Aufschluss über ihr weiteres Schicksal zu geben, werfen Dokumente der Israelischen Nationalbibliothek in Jerusalem neues Licht auf das Verschwinden. Sie bezeugen, dass einige Stücke der verschollenen Sammlung bei der Hebräischen Universität und der Nationalbibliothek großes Interesse geweckt hatten. Vertreter der Universität, unter denen viele deutscher Herkunft waren, hatten ab den 1930er Jahren versucht, die jüdischen Kulturschätze in Europa vor den Nationalsozialisten zu retten und sie nach Palästina/Israel zu bringen. Schon vor dem Krieg zeigte die Hebräische Universität Interesse an der Bibliothek des Jüdisch-Theologischen Seminars in Breslau[61] und in den ersten Nachkriegsjahren gelang es Vertretern der Universität, andere Teile der Bibliothek, die in Deutschland und in der Tschechoslowakei auftauchten, nach Israel zu bringen. Während der Kabbalaforscher Gershom Scholem (1897–1982) 1959 Polen besuchte und die Sammlungen aus Breslau im Jüdischen Historischen Institut erblickte, waren Mitarbeiter der israelischen Botschaft in Warschau bereits damit beschäftigt, einen Geheimtransfer dieser Bestände nach Jerusalem zu organisieren.

Die damalige Korrespondenz zwischen dem israelischen Außenministerium und dem Leiter der Nationalbibliothek, Curt Wormann, lässt darauf schließen, dass aufgrund der Anstrengungen israelischer Diplomaten in Zusammenarbeit mit dem Historiker und – ab 1949 – Leiter des Jüdischen Historischen Instituts Bernard (Ber) Mark (1908–1966) Ende 1959 ein Frühdruck der Psalmen mit den Kommentaren von David ben Joseph Kimchi in Jerusalem eintraf, der nach Scholems Worten »von unschätzbarem Wert und von gewaltigem nationalem Wert für Israel« sei und zum Besitz des

Jüdisch-Theologischen Seminars der Stadt Breslau gehöre.[62] Die 1477 wohl in Bologna gedruckte Editio princeps der Psalmen gehört zu den frühesten hebräischen Bibeldrucken überhaupt. Trotz des großen Werts war ihr Eintreffen in Israel nur einem kleinen Kreis bekannt, der die Angelegenheit auf Bitten der Botschaft in Warschau, »die Erlangung des Buches nicht öffentlich werden zu lassen«, diskret behandelte.[63] Dieser Einzelfall bietet keine Erklärung für das Verschwinden weiterer Breslauer Inkunabeln – ein Teil war noch in den 1980er Jahren im Institut, was die Annahme nahelegt, dass Objekte auch auf andere Weise an unbekannte Orte überführt wurden. Bemerkenswert ist jedoch die Kooperation zwischen dem Leiter des Jüdischen Historischen Instituts und der israelischen Vertretung bei der Überführung der Psalmausgabe nach Jerusalem. Der Vorgang könnte auf die Einigkeit beider Seiten hindeuten, dass der Platz dieses kostbaren Erbstücks der Breslauer Juden weder in Warschau noch in Wrocław oder an einem anderen Ort im neuen Polen sei und es deshalb außer Landes gebracht werden müsse. »Es ist klar, dass ein Buch dieser Art in die National- und Universitätsbibliothek gehört, die systematisch die Kulturschätze unseres Volkes zusammenträgt«, schreibt Wormann in einem Dankesschreiben für den Erhalt der Inkunabel.[64] Für seine Bibliothek war das eine seltene Gelegenheit, nicht nur ein unschätzbares Kulturgut zu bewahren, sondern auch ihre Position in der geistigen Nachfolge der untergegangenen europäischen Judenheiten zu unterstreichen. In Warschau wurde die Abgabe weiterer Bände zunächst gar nicht wahrgenommen. Erst viel später, im Jahr 2011, schrieb der Krakauer Judaist Krzysztof Pilarczyk darüber.[65]

Im stillen Verschwinden der Sammlungen des Jüdisch-Theologischen Seminars aus dem Jüdischen Historischen Institut spiegelt sich das Schicksal des deutsch-jüdischen Erbes in Polen nach 1945 wider. Nach Grenzverschiebungen und Bevölkerungstransfers blieb es ohne Nachfolger und unverstanden, selbst wenn es an seinen Ursprungsort zurückkehrte oder anderswo wieder in jüdische Hände kam. Die weitere Geschichte dieses Erbes zwischen Verstaatlichung und Verschwinden, zwischen Wrocław, Warschau und Jerusalem zeigt, dass weder die jüdischen Neusiedler in Niederschlesien noch die jüdische Gemeinschaft in Polen über den geistigen Zugang, die materiellen Mittel und die politischen Möglichkeiten verfügten – und vielleicht auch nicht willens waren –, sich darin zu vertiefen, es zu verstehen und zu pflegen. Die Geschichte Polens nach 1945 verdeutlicht die Dimension des Verlusts, den die deutsch-jüdische Welt in Schlesien durch die Schoah erlitten hatte, und sie zeigt auch, dass die von den Vertretern der neuen jüdischen Gemeinschaft beschworene Kontinuität zwischen den Gemeinden vor und nach dem Krieg nichts als eine Illusion war.

Verlust und Entschädigung nach einem halben Jahrhundert: Geschichte und Erinnerung

Als die letzten vertriebenen Deutschen die Oder in Richtung Deutschland überquerten, verstärkte die polnische Regierung ihre Anstrengungen, deutsche Spuren in den Westgebieten aus der Geschichte des neuen Polens zu tilgen. Diese Bemühungen wurden von verschiedenen Propagandaaktionen begleitet, deren größte die im Juli 1948 in Wrocław eröffnete *Ausstellung der Wiedergewonnenen Gebiete* (*Wystawa Ziem Odzyskanych*) war. Die Schau sollte einen Eindruck von drei Jahren polnischer Aufbauarbeit vermitteln und die Vereinigung der Westgebiete mit dem übrigen Staatsgebiet zeigen. Während die Rückkehr der Westgebiete zu ihrem »historischen Ursprung« ein großes Thema war, blieb die Rolle ihrer deutschen Bevölkerung ausgeblendet. Zudem sagten die Behörden in letzter Minute den Teil der Ausstellung ab, den das jüdische Woiwodschaftskomitee in Wrocław organisiert hatte und der die Errungenschaften der jüdischen Gemeinschaft beim Aufbau Niederschlesiens darstellen sollte. Die Absage war ein Vorbote des sich zusehends verschlechternden Verhältnisses des kommunistischen Staates zu seiner jüdischen Bevölkerung; die dadurch ausgelöste Auswanderungswelle ließ die jüdischen Gemeinden Polens stark schrumpfen. Das Regime förderte derweil das historische Narrativ einer frühen polnischen Besiedlung der Westgebiete, die nach der deutschen Bevölkerung einschließlich der deutschen Juden nun auch von der neuen polnisch-jüdischen Gemeinschaft verlassen wurden. Diese Politik dauerte die nächsten vier Jahrzehnte bis zum Ende der kommunistischen Herrschaft in Polen an; das Thema wurde aus dem öffentlichen Diskurs ausgeklammert, obwohl die Neuansiedlung von Juden in den ersten Jahren nach dem Zweiten Weltkrieg faktisch integraler Bestandteil der Westverschiebung Polens und der Neukonstituierung der polnischen Nationalstaatlichkeit gewesen war.

Diese beiden Prozesse verliefen neben den Herausforderungen, die aus der Präsenz des zurückgelassenen deutschen Eigentums resultierten. Dieses Eigentum stand sinnbildlich für die Schwachpunkte einer Propaganda, die aus dem historischen Bezug der »Wiedergewonnenen Gebiete« zu Polen eine homogene Erzählung konstruiert hatte, in der die deutsche Präsenz nicht mehr aufschien. Der Lösungsansatz, den die polnischen Behörden wählten, um die Wirkung des deutschen Eigentums zu neutralisieren – die Polonisierungskampagne, deren Zweck es war, Spuren deutschen Lebens in der Region zu tilgen und das polnische Volk im Kampf gegen die deutsche Kulturpräsenz zu vereinen –, hatte nur beschränkten Erfolg und hob oft die Fremdheit des neuen Westens hervor. Parallel zur Bekämpfung des feindlichen Erbes wollten die Behörden das deutsche Eigentum auch zur Entschädigung der Neusiedler und für deren Eingliederung in die polnische Gesellschaft nutzen. Enteignungs- und Verstaatlichungsgesetze und Regelungen zur Aufteilung deutscher Höfe wurden rasch für die Zuweisung der nationalen Zugehörigkeit instrumentalisiert. Wer in Schlesien aus der polnischen Volksgemeinschaft ausgeschlossen wurde, verlor das Recht an seinem Eigentum, das dann umverteilt wurde und damit offiziell in polnische Hände überging. Doch selbst die Übertragung deutschen Eigentums an Neusiedler erwies sich als schwieriger und langwieriger Prozess, der zu Spannungen zwischen den einzelnen Neusiedlergruppen führte und nicht selten scheiterte. Während sich die Behörden also einerseits auf die juristische Neubestimmung der Eigentumsverhältnisse und andererseits auf die Entfernung der materiellen Spuren deutscher Kultur konzentrierten, versäumten sie es, bei den Neusiedlern positive Impulse für die Eingliederung in die polnische Gesellschaft zu setzen, was dazu führte, dass diese an vielen Orten mit Diskriminierung und Ablehnung konfrontiert waren. Demgegenüber gestaltete sich ihr Verhältnis zu den vorerst noch nicht vertriebenen Deutschen oft viel besser, als es sich die kommunistischen Behörden eingestehen wollten. In diesen Fällen beruhten die lokalen Gemeinschaften nicht auf der schematischen Unterscheidung nach ethnischen, nationalen, politischen, sprachlichen oder religiösen Kriterien, sondern auf dem Teilen von Alltag und Lebensumfeld.

Die Betrachtung der Neusiedlergemeinschaft in den Westgebieten Polens aus der Perspektive neuer, komplexerer Kategorien drängt sich besonders im Fall der jüdischen Neusiedler auf. Vordergründig trat die neue jüdische Gemeinschaft in Niederschlesien das Erbe jener jüdischen Gemeinschaft an, die vor dem Zweiten Weltkrieg dort gelebt hatte. Doch bei näherer Betrachtung lässt das Verhältnis der jüdischen Neusiedler zur deutsch-jüdischen Welt in Schlesien – also zu den wenigen Überlebenden und zu den materiellen Überresten deutsch-jüdischer Kultur – vor allem auf Abgrenzung schließen. Obwohl der neuen jüdischen Gemeinschaft ein Großteil des Besitzes der Vorgängergemeinde zur Verfügung stand, taten ihre Leitungsgremien wenig, um dieses glanzvolle Erbe zu bewahren. Stattdessen war ihr Schwerpunkt die Förderung der jüdischen Gemeinschaft im Rahmen des ethnisch homogenen offiziellen Modells. Die Einbindung der jüdischen Gemeinschaft in die nationale Politik der kommunistischen Regierung sollte, so war die Hoffnung, die Unterstützung der politischen Eliten einbringen und damit langfristig für Stabilität sorgen. Tatsächlich erwies sich diese von der Führung der jüdischen Gemeinschaft mitgetragene ausgrenzende nationale Haltung später für sie selbst als verhängnisvoll. In der vereinfachenden Bilanz der kommunistischen Geschichtspolitik überwog der Nutzen der Grenzverschiebungen und Bevölkerungstransfers den Verlust bei Weitem.

Erst nach dem politischen Umbruch in Mittel- und Osteuropa 1989, der Aufhebung der staatlichen Zensur und der Öffnung der Archive wurde das historische Narrativ der kommunistischen Staatsmacht neu bewertet und es erschienen alternative Darstellungen zu den ersten Jahren der polnischen Neubesiedlung der Westgebiete. Nach fast fünfzig Jahren staatlich gelenkter Homogenisierung der polnischen Vergangenheit wurde nun eine Sicht vorgeschlagen, die die individuellen Erfahrungen der betroffenen Menschen in den Vordergrund rückte. Indem jene privaten Aspekte, die das kommunistische Narrativ ausgeblendet hatte, in die kollektive Erinnerung zurückgeholt wurden, kehrte auch die Frage des deutschen Eigentums, das notgedrungen Teil jener privaten Erinnerungen war, in den öffentlichen Diskurs zurück. Die Betrachtung der Geschichte der Westgebiete aus dieser Warte – aus der Perspektive des deutschen Hauses, das die Schicksale von Polen, Juden und Deutschen miteinander verband – erzeugt ein weitaus komplexeres Bild vom Leben in den neuen polnischen Westgebieten als die zuvor vom Regime geförderte monolithische Erzählung der polnischen »Pioniere«. Ohne künstliche Symmetrien zwischen den drei Gruppen herzustellen, birgt dieses Bild eine Vielfalt von Erfahrungen aller Bewohner der Region. Es veranschaulicht zudem das Scheitern des kommunistischen Versuchs, die neuen Gebiete im gesellschaftlichen Bewusstsein langfristig als homogenen polnischen Raum zu verankern.

Die öffentliche Wiedererwähnung des deutschen Eigentums wurde nicht nur dank eines neuen politischen Klimas möglich, sondern auch wegen des Wandels, den die polnische Gesellschaft in ihrem Verhältnis zum Status der Westgebiete durchlief. Während die Machthaber bis dahin die Angst vor der Rückkehr der Gebiete in deutsche Hand und vor möglichen Auswirkungen dessen, zum Beispiel weiteren Vertreibungen, aktiv schürten, versuchten die polnischen Behörden nach dem Ende der kommunistischen Diktatur, solche Befürchtungen rasch zu zerstreuen. Im November 1990 unterzeichnete die polnische Regierung einen bilateralen Vertrag mit dem wiedervereinten Deutschland, in dem sich

Deutschland verpflichtete, die 1945 festgelegte Oder-Neiße-Linie endgültig als deutsch-polnische Grenze anzuerkennen. Daraufhin fühlten sich die Bewohner Schlesiens sicherer und gerade dies scheint ihnen ermöglicht zu haben, die deutschen Wurzeln in der Region zu akzeptieren und auch offen zu thematisieren. In den 1990er Jahren bildeten sich in den westlichen Landesteilen Polens zahlreiche private und öffentliche Initiativen zur Rekonstruktion und Bewahrung des deutschen Erbes der Westgebiete. Eine Vielzahl von Vereinen beschäftigten sich seither mit lokalgeschichtlichen Fragen und plötzlich waren die materiellen Spuren der früheren deutschen Bewohner von Interesse.

Der tiefe Wandel im Verhältnis der Bewohner Schlesiens zum deutschen Erbe spiegelt sich auch im Anspruch der jüdischen Gemeinde in Wrocław auf jene Bestände der Bibliothek des Jüdisch-Theologischen Seminars in Breslau, die 1994 in der Nationalbibliothek der Tschechischen Republik in Prag aufgefunden wurden. Nachdem die Entdeckung öffentlich geworden war, unternahm die jüdische Gemeinde in Wrocław große Anstrengungen, um als Rechtsnachfolgerin der deutsch-jüdischen Gemeinde und des dortigen Rabbinerseminars anerkannt zu werden. Die von der polnischen Diplomatie und internationalen jüdischen Organisationen unterstützte Forderung nach Rückgabe war erfolgreich und 2004 gelangten die Bestände nach Wrocław. Der Vergleich zwischen dem Verschwinden der Breslauer Inkunabeln nach dem Krieg und ihrer Rückführung in den 2000er Jahren veranschaulicht den neuen Zugang zum deutschen Erbe: Erst jetzt schien die Zeit reif für dessen Anerkennung als integraler Bestandteil sowohl der deutschen Vergangenheit als auch der polnischen Gegenwart Schlesiens.

Quellen, Anmerkungen und Literatur

Quellen

Dieser Essay beruht zu großen Teilen auf der Auswertung von Archivdokumenten. Mein Dank gilt den vielen Archivarinnen und Archivaren, Bibliothekarinnen und Bibliothekaren für ihre Hilfe bei der Forschungsarbeit, besonders möchte ich mich bedanken bei Monika Jaremków vom Tadeusz-Taube-Lehrstuhl für Judaistik der Universität Wrocław und bei Agnieszka Reszka vom Jüdischen Historischen Institut in Warschau. Beide haben mir insbesondere während der Coronapandemie beim Zusammentragen von Material geholfen, als die meisten Institute für Forschende geschlossen waren.

Archivquellen

Archiv der Hebräischen Universität Jerusalem
- Akte 1939/042: Ha-sifrija [Die Bibliothek]

Archiv der Israelischen Nationalbibliothek in Jerusalem
- Ozrot ha-gola [Schätze der Diaspora], Akte Shunami 8/1 (nicht katalogisierte Sammlung)

Archiv des Jüdischen Historischen Instituts Emanuel Ringelblum (Archiwum Żydowskiego Instytutu Historycznego im. Emanuela Ringelbluma, AŻIH) in Warschau
- Dossier I/303: Zentralkomitee der Juden in Polen. Präsidium und Sekretariat (Centralny Komitet Żydów w Polsce. Prezydium i Sekretariat)
- Dossier XIII/303: Zentralkomitee der Juden in Polen. Abteilung für Kultur und Propaganda (Centralny Komitet Żydów w Polsce. Wydział Kultury i Propagandy)
- Dossier XVI/303: Zentralkomitee der Juden in Polen. Rechtsabteilung (Centralny Komitet Żydów w Polsce. Wydział Prawny)
- Dossier 310: Jüdisches Historisches Institut (Żydowski Instytut Historyczny)

Archiv des Tadeusz-Taube-Lehrstuhls für Judaistik (Katedra Judaistyki im. Tadeusza Taubego) der Universität Wrocław
- Sammlung Woiwodschaftskomitee der Polnischen Juden für Niederschlesien (Wojewódzki Komitet Żydów Polskich na Dolny Śląsk)

Archiv für Neue Akten (Archiwum Akt Nowych, AAN) in Warschau
- Bestand 196: Ministerium für die Wiedergewonnenen Gebiete (Ministerstwo Ziem Odzyskanych)
- Bestand 522: Generalbevollmächtigter der Regierung der Republik Polen für Repatriierung in Warschau (Generalny Pełnomocnik Rządu RP ds. Repatriacji w Warszawie)

Staatsarchiv in Wrocław (Archiwum Państwowe we Wrocławiu, APW):
- Sammlung 0/331/82: Woiwodschaftsamt Wrocław (Urząd Wojewódzki Wrocławski)
- Sammlung 0/334/82: Stadtverwaltung der Stadt Wrocław (Zarząd Miejski Miasta Wrocławia)
- Sammlung 0/415/82: Woiwodschaftskomitee der Polnischen Juden für Niederschlesien (Wojewódzki Komitet Żydów Polskich na Dolny Śląsk)

Yad Vashem
- O.6: Osef Polin [Poland Collection], Akte Nr. 28

Edierte Quellen

Włodzimierz Borodziej/Hans Lemberg (Hgg.), »Unsere Heimat ist uns ein fremdes Land geworden ...« Die Deutschen östlich von Oder und Neiße 1945–1950. Dokumente aus polnischen Archiven, 4 Bde., Marburg 2000–2004.

Zeitzeugenberichte von Neusiedlern

Archiv der West- und Nordgebiete des Westinstituts (Archiwum Ziem Zachodnich i Północnych Instytutu Zachodniego) in Poznań:
- Sammlung Tagebücher (Pamiętniki)

Centropa Archiv (CA), <https://www.centropa.org/de/das-centropa-archiv> (8. August 2025)

Digitales Archiv des Zentrums »Gedenken und Zukunft« (Cyfrowe Archiwum Ośrodka »Pamięć i Przyszłość«, OPiP) in Wrocław:
- Bestand 1: Oral-History-Archiv (Archiwum Historii Mówionej), Serie 7: AHM MONA

Zentrum »Karta« (Ośrodek »Karta«) Oral-History-Archiv (Archiwum Historii Mówionej) in Warschau:
- Sammlung Biografien aus dem östlichen Grenzland. Zeitzeugenberichte (Biografie kresowe. Relacje świadków)
- Sammlung Bolesławiec. Biografien von Polen, Deutschen, Bosniaken, Serben und Kroaten in der Perspektive der Nachkriegsmigrationen (Bolesławiec. Biografie Polaków, Niemców, Bośniaków, Serbów i Chorwatów w perspektywie powojennych migracji)
- Sammlung Krzyż-Kreuz im 20. Jahrhundert. Polnische und deutsche Erinnerung an eine bestimmte Stadt (Krzyż-Kreuz w XX wieku. Polska i niemiecka pamięć pewnego miasta)
- Sammlung Ostarchiv (Archiwum Wschodnie)
- Sammlung Vergessene Zeugen des 20. Jahrhunderts (Zapomniani świadkowie XX wieku)
- Sammlung Zeugnisse. 20. Jahrhundert (Świadectwa. XX wiek)

Publizierte Zeitzeugenberichte von Neusiedlern

Krystyna Bartela u. a. (Hgg.), Moje dwie »małe ojczyzny«. Wspomnienia świdniczan [Meine zwei »kleinen Heimatländer«. Erinnerungen von Einwohnern aus Świdnica], Świdnica 2013.

Zygmunt Dulczewski/Andrzej Kwilecki (Hgg.), Pamiętniki osadników ziem odzyskanych [Erinnerungen von Siedlern in den Wiedergewonnenen Gebieten], Poznań 1963.

Beata Halicka (Hg.), Mój dom nad Odrą. Pamiętniki osadników Ziem Zachodnich po 1945 roku [Mein Zuhause an der Oder. Tagebücher von Siedlern der Westlichen Gebiete nach 1945], Kraków 2014.

Agnieszka Knyt (Hg.), Osadnicy. Nowe życie Kresowiaków na Ziemiach Zachodnich. Nadzieje i niemoc wobec władzy ludowej [Siedler. Das neue Leben der Bewohner des ehemals polnischen

Grenzlands in den westlichen Gebieten. Hoffnungen und Ohnmacht gegenüber der Staatsmacht], Warschau 2014.
Mirosław Maciorowski (Hg.), Sami swoi i obcy. Prawdziwe historie wypędzonych [Nur die Unsrigen und die Fremden. Wahre Geschichten von Vertriebenen], Warschau 2011.
Zbigniew Piotrowicz (Hg.), Czas Ocalony. Wspomnienia mieszkańców Lądka Zdroju i Stronia Śląskiego [Erinnerungen von Einwohnern von Lądek Zdrój und Stronie Śląskie], Lądek Zdrój 2003.
Krystyna Tyszkowska (Hg.), Skąd my tu? Wspomnienia repatriantów [Woher kommen wir hierher? Erinnerungen von Repatrianten], Wrocław 2008.
Jerzy Witkowski (Hg.), Stacja życia – Oława. Pożegnania i nowy początek. Lebensstation Ohlau. Abschied und Neubeginn, Oława 2007.
Tamara Włodarczyk (Hg.), Ku nowemu życiu. Żydzi na Dolnym Śląsku w latach 1945–1970 [Auf dem Weg zu einem neuen Leben. Juden in Niederschlesien in den Jahren 1945–1970], Wrocław 2017.

Autobiografien und Erinnerungen

Günther Anders, Besuch im Hades. Auschwitz und Breslau 1966. Nach »Holocaust« 1979, München ³1996.
Jacob Egit, Grand Illusion, Toronto 1991.
Norbert Elias, Reflections on a Life, Cambridge 1994.
Andrzej Jochelson, Kronika. Semipałatyńsk-Wrocław [Chronik. Semipałatyńsk-Wrocław], Wrocław 1997.
Joanna Konopińska, Tamten wrocławski rok. 1945–1946. Dziennik [Dieses Breslauer Jahr. 1945–1946. Tagebuch], Wrocław 1987.
Walter Laqueur, Heimkehr. Reisen in die Vergangenheit, Berlin 1964.
Michał Sobków, Podróż w nieznane [Reise ins Unbekannte], Wrocław 2001.
Fritz Stern, Fünf Deutschland und ein Leben. Erinnerungen. Aus dem Engl. von Friedrich Griese, München 2007 (zuerst engl. 2006).
Joseph Tenenbaum, In Search of a Lost People. The Old and the New Poland, New York 1948.

Anmerkungen und Literatur

Einführung: Bei Fremden wohnen – Mittel- und Osteuropa nach dem Krieg

Forschende können auf eine breite Literatur über Vertreibungs- und Emigrationsprozesse und Bevölkerungstransfers in Mittel- und Osteuropa in der ersten Hälfte des 20. Jahrhunderts zurückgreifen. Grundlegend für die vorliegende Studie im Themenbereich Bevölkerungsbewegungen waren Matthew Frank, Making Minorities History. Population Transfer in Twentieth-Century Europe, Oxford 2016, sowie eines der ersten Werke in diesem Feld, das bemerkenswerte Einblicke bietet und überdies ein wichtiges historisches Dokument darstellt: Eugene M. Kulischer, Europe on the Move. War and Population Changes, 1917–1947, New York 1948. Die Gründung von Nationalstaaten und »ethnische Säuberungen« in Europa haben breit behandelt: Norman M. Naimark, Fires of Hatred. Ethnic Cleansing in Twentieth-Century Europe, Cambridge, Mass., 2001; Philipp Ther, Die dunkle Seite der Nationalstaaten. »Ethnische Säuberungen« im modernen Europa, Göttingen 2011. Speziell zur Konstituierung Polens als homogenen Nationalstaat nach dem Krieg vgl. Piotr Madajczyk/Danuta Berlińska, Polska jako państwo narodowe. Historia i pamięć [Polen als Nationalstaat. Geschichte und Erinnerung], Warschau/Opole 2008; Hugo Service, Germans to Poles. Communism, Nationalism and Ethnic Cleansing after the Second World War, Cambridge 2013. Eine umfassende Analyse der Bevölkerungstransfers nach dem Zweiten Weltkrieg, einschließlich der politischen und gesellschaftlichen Aspekte, bieten etwa der Sammelband von Philipp Ther/Ana Siljak (Hgg.), Redrawing Nations. Ethnic Cleansing in East-Central Europe, 1944–1948, Lanham, Md., u. a. 2001, und das Standardwerk von Joseph B. Schechtman, Postwar Population Transfers in Europe, 1945–1955, Philadelphia, Pa., 2016 (zuerst 1962). Den Zusammenhang zwischen »ethnischen Säuberungen« und osteuropäischer Verstaatlichungspolitik nach dem Krieg untersucht Yfaat Weiss, Ethnic Cleansing, Memory and Property – Europe, Israel/Palestine, 1944–1948, in: dies./Raphael Gross (Hgg.), Jüdische Geschichte als Allgemeine Geschichte. Festschrift für Dan Diner zum 60. Geburtstag, Göttingen 2006, 158–188. Die Vertreibung von Deutschen aus Osteuropa behandelt ausführlich R. M. Douglas, Orderly and Humane. The Expulsions of the Germans after the Second World War, New Haven, Conn., 2012; Alfred-Maurice de Zayas, A Terrible Revenge. The Ethnic Cleansing of the East European Germans, 1944–1950, New York 1993. Deren langfristige Folgen, einschließlich der Auswirkungen auf die Geschichtspolitik in der Bundesrepublik Deutschland, zeigt Andrew Demshuk auf: ders., The Lost German East. Forced Migration and the Politics of Memory, 1945–1970, Cambridge 2014; zur Bedeutung der Bevölkerungstransfers für die europäische Geschichte nach 1945 vgl. Tony Judt, Geschichte Europas von 1945 bis zur Gegenwart, aus dem Engl. übers. von Matthias Fienbork und Hainer Kober, München/Wien 2006 (engl.: Postwar. A History of Europe Since 1945, London 2005).

Von der Forschung zu den Bevölkerungstransfers in Polen nach dem Zweiten Weltkrieg sind die Arbeiten von Krystyna Kersten hervorzuheben, v. a. Repatriacja ludności polskiej po II wojnie światowej. Studium historyczne [Die Repatriierung der polnischen Bevölkerung nach dem Zweiten Weltkrieg. Eine historische Studie], Wrocław 1974; von den zahlreichen Arbeiten zur polnischen Besiedlung Niederschlesiens sind zu nennen: die gesellschaftsgeschichtliche Monografie von Andreas R. Hofmann, Die Nachkriegszeit in Schlesien. Gesellschafts- und Bevölkerungspolitik in den polnischen Siedlungsgebieten 1945–1948, Köln/Weimar/Wien 2000; Tomasz Szarota, Osadnictwo miejskie na Dolnym Śląsku w latach 1945–1948 [Städtische Besiedlung in Niederschlesien in den Jahren 1945–1948], Wrocław/Warschau/Kraków 1969, sowie die umfassende Stadtbiografie Wrocławs: Gregor Thum, Die fremde Stadt. Breslau 1945, Berlin 2003. Ein bemerkenswerter Vergleich zwischen deutschen und polnischen Vertriebenen findet sich in: Philipp Ther, Deutsche und polnische Vertriebene. Gesellschaft und Vertriebenenpolitik in der SBZ/DDR und in Polen 1945–1956, Göttingen 1998. Vgl. auch die Analyse der Entwicklung der schlesischen Städte nach der Ankunft der Neusiedler am Beispiel von Lubomierz (Liebenthal) durch Zdzisław Mach, Niechciane miasta – migracja i tożsamość społeczna [Unerwünschte Städte – Migration und gesellschaftliche Identität], Kraków 1998.

Zeitzeugenberichte und Erinnerungen von Neusiedlern bilden die Quellengrundlage für bemerkenswerte Forschungsarbeiten, die sich mit Aspekten der polnischen Geschichte im westlichen Landesteil nach 1945 beschäftigen. Insbesondere drei davon haben die vorliegende Studie bereichert. Die erste untersucht das Verhältnis der Neusiedler zur natürlichen Umgebung, auf die sie an ihren neuen Wohnorten trafen: Małgorzata Praczyk, Pamięć środowiskowa we wspomnieniach osadników na »Ziemiach Odzyskanych« [Erinnerungen von Siedlern in den »Wiedergewonnenen Gebieten« an ihre Umgebung], Poznań 2018. Die zweite behandelt anhand eines Fallbeispiels die gesellschaftlichen Veränderungen in zwei Städten, deren Bewohner im Zuge des Bevölkerungstransfers nach 1945 vertrieben wurden, zum einen im galizischen Żółkiew und zum anderen in Krzyż in den Westgebieten: Anna Wylegała, Przesiedlenia a Pamięć. Studium (nie) pamięci społecznej na przykładzie ukraińskiej Galicji i polskich »Ziem Odzyskanych« [Umsiedlungen und Erinnerung. Eine Studie über die gesellschaftliche (Nicht-)Erinnerung am Beispiel des ukrainischen Galiziens und der polnischen »Wiedergewonnenen Gebiete«], Toruń 2014. Die dritte ist ein Sammelband, der neue polnische Forschungsarbeiten zu den Westgebieten vorstellt: Emilia Kledzik/Maciej Michalski/Małgorzata Praczyk (Hgg.), »Ziemie Odzyskane«. W poszukiwaniu nowych narracji [»Die Wiedergewonnenen Gebiete«. Auf der Suche nach neuen Narrativen], Poznań 2018. Das auf Zeitzeugenberichten, Erinnerungen und anderen Egodokumenten beruhende Werk des Journalisten Filip Springer, Miedzianka. Historia znikania [Miedzianka. Eine Geschichte des Verschwindens], Wołowiec 2011, erzählt die Geschichte des niederschlesischen Ortes Miedzianka (Kupferberg).

Die materielle Kulturforschung aus der Perspektive der Bevölkerungstransfers und der »ethnischen Säuberungen« hat in den letzten Jahren Forschende verschiedener Disziplinen angezogen, wobei sich die bestehende Forschungsliteratur vorwiegend auf die Hochkultur oder den öffentlichen Bereich konzentriert. Von den wichtigsten Arbeiten für diesen Essay, die sich mit der deutschen materiellen Kultur in den polnischen Westgebieten beschäftigen, sind zwei Sammelbände hervorzuheben: Zbigniew Mazur (Hg.), Wokół niemieckiego dziedzictwa kulturowego na Ziemiach Zachodnich i Północnych [Zum deutschen Kulturerbe in den West- und Nordgebieten], Poznań 1997; Joanna Nowosielska-Sobel/Grzegorz Strauchold (Hgg.), Trudne dziedzictwo. Tradycje dawnych i obecnych mieszkańców Dolnego Śląska [Schwieriges Erbe. Traditionen früherer und heutiger Bewohner Niederschlesiens], Wrocław 2006. Vor diesem Hintergrund wird hier vorgeschlagen, den Fokus auch auf die Alltagskultur zu richten, die im neuen häuslichen Raum der Neusiedler entstand. Die Bedeutung dieses Zugriffs haben mich drei Forschungsarbeiten mit einer ähnlichen

Perspektive gelehrt: Beata Halicka, Polens Wilder Westen. Erzwungene Migration und die kulturelle Aneignung des Oderraums 1945–1948, Paderborn u. a. 2013, die dem Eingliederungsprozess der polnischen Neusiedler im neuen Westen gewidmet ist; Dorota Bazuń, Veränderungen in der Beziehung zum Kulturerbe, insbesondere zu Gebrauchsgegenständen, als Ausdruck der »Aneignung« von Geschichte durch die Bewohner der westlichen Grenzgebiete Polens, in: Peter Oliver Loew/Christian Pletzing/Thomas Serrier (Hgg.), Wiedergewonnene Geschichte. Zur Aneignung von Vergangenheit in den Zwischenräumen Mitteleuropas, Wiesbaden 2006, 145–163; Małgorzata Praczyk, Strategie oswajania rzeczy na »Ziemiach Odzyskanych« ze szczególnym uwzględnieniem przestrzeni prywatnej [Strategien des Sich-zu-eigen-Machens von Dingen in den »Wiedergewonnenen Gebieten« unter besonderer Berücksichtigung des privaten Raums], in: Miscellanea Posttotalitariana Wratislaviensia 6 (2017), 77–90, die sich mit der Wirkung des »deutschen Hauses« auf die polnischen Neusiedler beschäftigt. Während der Arbeit an diesem Essay erschien 2019 in Polen ein weiteres Werk, das der Geschichte der deutschen Güter in Polen nach 1945 gewidmet ist, mich inspiriert hat und inzwischen auch auf Deutsch veröffentlicht wurde: Karolina Kuszyk, In den Häusern der Anderen. Spuren deutscher Vergangenheit in Westpolen, aus dem Poln. von Bernhard Hartmann, Berlin 2022.

Bis heute ist keine umfassende Arbeit über das Schicksal des deutsch-jüdischen Erbes in Niederschlesien nach 1945 erschienen. 2013/14 wurde im Nationalmuseum in Wrocław die Fotoausstellung *Niewyjaśnione dziedzictwo. Ślady niemieckich Żydów na Śląsku* (Ungeklärtes Erbe. Spuren deutscher Juden in Schlesien) gezeigt, die sich den Überresten des deutsch-jüdischen Erbes im heutigen Schlesien gewidmet hat. Ich bedanke mich beim Kurator der Ausstellung, Piotr Piluk, der mir den Ausstellungskatalog zukommen ließ. Einige interessante Erkenntnisse über das Schicksal des deutsch-jüdischen Erbes in der ehemaligen Provinz Oberschlesien nach 1945 finden sich in der Masterarbeit von Magdalena Wawoczny, *Dziedzictwo (nie)utracone. Wymazywanie żydowskiego dziedzictwa na tzw. Ziemiach Odzyskanych w czasach komunizmu na przykładzie Raciborza* (Das [nicht] verlorene Erbe. Die Auslöschung jüdischen Erbes in den sogenannten Wiedergewonnenen Gebieten während des Kommunismus am Beispiel von Racibórz), die 2024 an der Jagiellonen-Universität in Krakau verteidigt wurde.

1 Die Daten sind entnommen: Grzegorz Hryciuk u. a. (Hgg.), Umsiedlungen, Vertreibungen und Fluchtbewegungen 1939–1959. Atlas zur Geschichte Ostmitteleuropas, Bonn 2012, sowie Bożena Szaynok, Ludność żydowska na Dolnym Śląsku. 1945–1950 [Die jüdische Bevölkerung in Niederschlesien. 1945–1950], Wrocław 2000.

Schlesien, fremdes Land:
Grenzziehungen und Völkervertreibungen

Auf die Forschungsarbeiten blickend, die sich mit Polen in den ersten Jahren nach dem Zweiten Weltkrieg beschäftigen, hat die vorliegende Arbeit besonders profitiert von: Magdalena Grzebałkowska, 1945. Wojna i pokój [1945. Krieg und Frieden], Warschau 2015; Marcin Zaremba, Die große Angst. Polen 1944–1947. Leben im Ausnahmezustand, aus dem Poln. übers. von Sandra Ewers, Paderborn 2016. Zur politischen Geschichte des polnischen Staates, zum Verhältnis der beiden konkurrierenden Regierungen und zum Beginn der kommunistischen Herrschaft vgl. bes. Krystyna Kersten, The Establishment of Communist Rule in Poland, 1943–1948, aus dem Poln. übers. und komm. von John Micgiel und Michael H. Bernhard, mit einem Vorwort von Jan T. Gross, Berkeley, Calif./Los Angeles, Calif./Oxford 1991 (zuerst poln. 1986). Die politischen Auseinandersetzungen um die polnischen Staatsgrenzen behandelt ausführlich Piotr Eberhardt, Polska granica wschodnia 1939–1945 [Die polnische Ostgrenze 1939–1945], Warschau 1992; ders., The Oder-Neisse Line as Poland's Western Border. As Postulated and Made a Reality, in: Geographia Polonica 88 (2015), H. 1, 77–105; zur internationalen Debatte vgl. Debra J. Allen, The Oder-Neisse Line. The United States, Poland, and Germany in the Cold War, Westport, Conn., 2003. Von den vielen Werken über die Friedenskonferenzen und ihre geopolitischen Auswirkungen habe ich vor allem benutzt: Fraser J. Harbutt, Yalta 1945. Europe and America at the Crossroads, New York 2010; Michael Neiberg, Potsdam. The End of World War II and the Remaking of Europe, New York 2015.

Die Forschungsliteratur zur erzwungenen Emigration von Deutschen aus Polen in den Jahren 1945 bis 1947 ist sehr umfangreich. Von den bereits erwähnten Werken abgesehen, sollten hier noch genannt werden: Hugo Service, Reinterpreting the Expulsion of Germans from Poland, 1945–9, in: Journal of Contemporary History 47 (2012), H. 3, 528–550; Bernadetta Nitschke, Vertreibung und Aussiedlung der deutschen Bevölkerung aus Polen 1945 bis 1949, aus dem Poln. übers. von Stephan Niedermeier, München 2003; Philipp Ther, Deutsche und polnische Vertriebene. Gesellschaft und Vertriebenenpolitik in der SBZ/DDR und in Polen 1945–1956, Göttingen 1998, bes. das Kapitel »Wilde Vertreibung«, 55–58. Der Status der deutschen Bevölkerung in den Westgebieten nach 1945 wird auch umfassend dargestellt in: Paweł Kacprzak, Polityka władz polskich wobec ludności niemieckiej w okresie funkcjonowania Ministerstwa Ziem Odzyskanych [Die Politik der polnischen Behörden gegenüber der deutschen Bevölkerung während des Bestehens des Ministeriums für die Wiedergewonnenen Gebiete], in: Acta Universitatis Wratislaviensis. Przegląd Prawa i Administracji 78 (2008), 31–51.

Zu den materiellen Kriegsschäden in Niederschlesien vgl. u. a. Jakub Tyszkiewicz, Ziemie Obiecane. Byłe tereny niemieckie przejęte przez Polskę i ich losy w latach 1945–1948 [Gelobte Gebiete. Die ehemaligen deutschen Gebiete, die von Polen übernommen wurden, und ihr Schicksal in den Jahren 1945–1948], in: Pamięć i Przyszłość [Gedenken und Zukunft] 7 (2010), H. 1, 7–17; Robert Skobelski, Problemy rozwoju gospodarczego Ziem Odzyskanych w pierwszym powojennym dziesięcioleciu (1945–1955) [Probleme der wirtschaftlichen Entwicklung in den Wiedergewonnenen Gebiete im ersten Nachkriegsjahrzehnt (1945–1955), in: Rocznik Lubuski [Jahrbuch von Lubusz] 33 (2007), H. 2, 89–120.

Zu den Aktivitäten des polnischen Informations- und Propagandaministeriums in den ersten Nachkriegsjahren vgl. Andrzej Krawczyk, Pierwsza próba indoktrynacji. Działalność Ministerstwa Informacji i Propagandy w latach 1944–1947 [Der erste Versuch der Indoktrination. Die Aktivitäten des Ministeriums für Information und Propaganda 1944–1947], Warschau 1994; Marcin Czyżniewski, Propaganda polityczna władzy ludowej w Polsce 1944–1956 [Die politische Propaganda der Staatsmacht in Polen 1944–1956], Toruń 2006. Allgemeiner zur Propaganda in den »Wiedergewonnenen Gebieten« in Polen: Paweł Piskorski, Ziemie Odzyskane w propagandzie PPR. Od lipca 1944 r. do stycznia 1947 r. [Die Wiedergewonnenen Gebiete in der Propaganda der PPR. Von Juli 1944 bis Januar 1947], Warschau 2014; Radosław Domke, Ziemie Zachodnie i Północne Polski w propagandzie lat 1945–1948 [Die westlichen und nördlichen Gebiete Polens in der Propaganda der Jahre 1945–1948], Zielona Góra 2010; Kamila Gieba, Próba epopei. O narracjach założycielskich tzw. Ziem Odzyskanych [Versuch eines Epos. Zu den Gründungsnarrativen der sogenannten Wiedergewonnenen Gebiete], in: Teksty Drugie 5 (2015), 321–335. Es ist darauf hinzuweisen, dass das Narrativ vom polnischen Ursprung der Westgebiete nicht erst nach 1945 entstanden ist, sondern auf das beginnende 19. Jahrhundert zurückgeht. Eine grundlegende Analyse seiner intellektuellen Wurzeln und politischen Auswirkungen im Polen nach 1945 findet sich in: Grzegorz Strauchold, Myśl zachodnia i jej realizacja w Polsce Ludowej w latach 1945–1957 [Die Westidee und ihre Umsetzung in der Volksrepublik Polen in den Jahren 1945–1957], Toruń 2003.

Um die Lage der Bewohner des östlichen Grenzlandes am Kriegsende zu verstehen, habe ich verschiedene Arbeiten einbezogen, die sich mit der Ausweitung des sowjetischen Machtbereichs und der Zunahme ethnischer Spannungen in der Region befassen: Tomasz Strzembosz, Studia z dziejów okupacji sowieckiej (1939–1941). Obywatele polscy na kresach północno-wschodnich II Rzeczypospolitej pod okupacją sowiecką w latach 1939–1941 [Studien zur Geschichte der sowjetischen Besatzung (1939–1941). Polnische Bürger in den nordöstlichen Grenzgebieten der Zweiten Polnischen Republik unter sowjetischer Besatzung in den Jahren 1939–1941], Warschau 1997; Alexander Statiev, The Soviet Counterinsurgency in the Western Borderlands, Cambridge 2010; Peter Gatrell/Nick Baron (Hgg.), Warlands. Population Resettlement and State Reconstruction in the Soviet-East European Borderlands, 1945–50, Basingstoke 2009. Für den allgemeinen Hintergrund zur Ausdehnung des sowjetischen Machtbereichs in Osteuropa konsultierte ich v. a. Anne Applebaum, Iron Curtain. The Crushing of Eastern Europe, 1944–1956, New York 2012; Leonid Gibianskii/Norman Naimark (Hgg.), The Establishment of Communist Regimes in Eastern Europe, 1944–1949, Boulder, Colo., 1997.

Vgl. zum Volksreferendum von 1946 die vertiefte Analyse von Kersten, The Establishment of Communist Rule in Poland, 1943–1948, bes. die Rede von Władysław Gomułka vor dem Politbüro auf Seite 283. Bemerkenswert ist der Umstand, dass die wahren Ergebnisse des Referendums auf eine ausgeprägt ablehnende Haltung der Neusiedler in Niederschlesien zur Westverschiebung Polens hindeuten. Eine absolute Mehrheit stimmte gegen die Festlegung der Oder-Neiße-Linie als neue Westgrenze Polens. Vgl. dazu Elżbieta Kaszuba, Między propagandą a rzeczywistością. Polska ludność Wrocławia w latach 1945–1947 [Zwischen Propaganda und Realität. Die polnische Bevölkerung von Wrocław in den Jahren 1945–1947], Warschau/Wrocław 1997. Zur Rolle des Nationalgedankens bei der Festigung des kommunistischen Regimes in Polen vgl. Michael Fleming, Communism, Nationalism and Ethnicity in Poland, 1944–1950, London/New York 2009.

1 Yad Vashem, O.6: Osef Polin [Poland Collection], Akte Nr. 28, 3f.
2 CAW III. 60.5., Bl. 155, Befehl des Kommandos der 2. Armee des WP Nr. 0150 über die Fortsetzung der raschen Aussiedlung der Deutschen vom 24. Juni 1945, zit. nach Włodzimierz Borodziej/Hans Lemberg (Hgg.), »Unsere Heimat ist uns ein fremdes Land geworden ...« Die Deutschen östlich von Oder und Neiße 1945–1950. Dokumente aus polnischen Archiven, 4 Bde., Marburg 2000–2004, hier Bd. 1: Zentrale Behörden (Auswahl, Einleitung und Bearbeitung der Dokumente von Włodzimierz Borodziej)/Wojewodschaft Allenstein (Auswahl, Einleitung und Bearbeitung der Dokumente von Claudia Kraft), Marburg 2000, 160f., hier 161.
3 Grzegorz Hryciuk u.a. (Hgg.), Umsiedlungen, Vertreibungen und Fluchtbewegungen 1939–1959. Atlas zur Geschichte Ostmitteleuropas, Bonn 2012, 185.
4 Gregor Thum, Die fremde Stadt. Breslau 1945, Berlin 2003, 135.
5 Zit. nach Claudia Kraft, Das Jahr 1945, in: Borodziej/Lemberg (Hgg.), »Unsere Heimat ist uns ein fremdes Land geworden ...«, Bd. 4: Wojewodschaften Pommerellen und Danzig (Westpreußen) (Einleitung, Auswahl und Bearbeitung der Dokumente von Ingo Eser und Witold Stankowski)/Wojewodschaft Breslau (Niederschlesien) (Einleitung, Auswahl und Bearbeitung der Dokumente von Claudia Kraft und Stanisław Jankowiak), Marburg 2004, 357–399, hier 393.
6 Zit. nach Thum, Die fremde Stadt, 91 (Klammerzusatz im Original).
7 Erklärung eines Regierungsvertreters für den Verwaltungsbezirk Niederschlesien, Wrocław, 7. Februar 1946, zit. nach Gregor Thum, Obce miasto. Wrocław 1945 i potem [Die fremde Stadt. Wrocław 1945 und danach], aus dem Dt. übers. von Małgorzata Słabicka, Wrocław 2005, 102. Das zitierte Plakat ist im deutschen Original nicht abgedruckt.
8 Bronisław Kowacz, Rabunek [Raub], in: Agnieszka Knyt (Hg.), Osadnicy. Nowe życie Kresowiaków na Ziemiach Zachodnich.

Nadzieje i niemoc wobec władzy ludowej [Siedler. Das neue Leben der Bewohner des ehemals polnischen Grenzlands in den westlichen Gebieten. Hoffnungen und Ohnmacht gegenüber der Staatsmacht], Warschau 2014, 13–22, hier 14 f.

9 Zentrum »Karta« (Ośrodek »Karta«), Oral-History-Archiv (Archiwum Historii Mówionej), Sammlung Krzyż-Kreuz w XX wieku. Polska i niemiecka pamięć pewnego miasta [Krzyż-Kreuz im 20. Jahrhundert. Polnische und deutsche Erinnerung an eine bestimmte Stadt], AHM_0440, Zeitzeugenbericht von Tadeusz Brzeziński.

10 Zit. nach Thum, Obce miasto. Wrocław, 102.

11 Die Daten sind entnommen: Skobelski, Problemy rozwoju gospodarczego Ziem Odzyskanych w pierwszym powojennym dziesięcioleciu (1945–1955) [Probleme der wirtschaftlichen Entwicklung der Wiedergewonnenen Gebiete im ersten Nachkriegsjahrzehnt (1945–1955)], 90.

12 Zit. nach Tomasz Szarota, Osadnictwo miejskie na Dolnym Śląsku w latach 1945–1948 [Städtische Besiedlung in Niederschlesien 1945–1948], Wrocław/Warschau/Kraków 1969, unpaginiert (zwischen 80 und 81).

13 Zit. nach Katarzyna Uczkiewicz, Koza na Dzikim Zachodzie [Eine Ziege im Wilden Westen], in: Pamięć i Przyszłość 1 (2008), H. 1, 54–57, hier 55.

14 Zit. nach Hryciuk u. a. (Hgg.), Umsiedlungen, Vertreibungen und Fluchtbewegungen 1939–1959, 93.

15 Digitales Archiv des Zentrums »Gedenken und Zukunft« (Cyfrowe Archiwum Ośrodka »Pamięć i Przyszłość«, OPiP), Bestand 1: Oral-History-Archiv (Archiwum Historii Mówionej), Serie 7: AHM MONA, PL OPiP III-1-7-200, Zeitzeugenbericht von Józef Gulewicz.

16 Hryciuk u. a. (Hgg.), Umsiedlungen, Vertreibungen und Fluchtbewegungen 1939–1959, 87.

17 Vgl. Stanisław Ciesielski (Hg.), Umsiedlung der Polen aus den ehemaligen polnischen Ostgebieten nach Polen in den Jahren 1944–1947, Marburg/Wrocław 2006, 5–52.

18 Die Daten sind entnommen: Bożena Szaynok, Ludność żydowska na Dolnym Śląsku. 1945–1950 [Die jüdische Bevölkerung in Niederschlesien. 1945–1950], Wrocław 2000, 55.

19 Centropa Archiv (CA), Zeitzeugenbericht von Chaim Henryk Ejnesman, <https://www.centropa.org/en/biography/chaim-henryk-ejnesman> (8. August 2025) (Klammerzusatz im Original).

20 Michał Sobków, Do innego kraju [In ein anderes Land], in: Knyt (Hg.), Osadnicy [Siedler], 39–59, hier 43.

Enteignung und »Degermanisierung«: Das deutsche Eigentum in der Politik der kommunistischen Regierung

Die Frage des rechtlichen Status des deutschen Eigentums in Polen nach 1945 ist bislang vor allem rechtswissenschaftlich behandelt worden. Die umfassendste Arbeit stammt von Mariusz Muszyński, Przejęcie majątków niemieckich przez Polskę po II wojnie światowej. Studium prawnomiędzynarodowe i porównawcze [Die Übernahme deutschen Eigentums durch Polen nach dem Zweiten Weltkrieg. Eine vergleichende Studie im internationalen Recht], Bielsko-Biała 2003; ferner dazu: Stanisław Rudnicki, Nieruchomości poniemieckie [Ehemals deutsche Immobilien], in: ders./Gerard Bieniek, Nieruchomości. Problematyka prawna [Immobilien. Die Rechtsproblematik], Warschau ²2005, 242–257. Zur Verwaltung deutschen Eigentums durch nationale und lokale Behörden in Niederschlesien vgl. Adriana Merta-Staszczak, Konfiskata majątku poniemieckiego i opuszczonego na Dolnym Śląsku przez instytucje państwowe w latach 1945–1956 [Beschlagnahme von ehemals deutschem und verlassenem Eigentum in Niederschlesien durch staatliche Institutionen in den Jahren 1945–1956], in: UR Journal of Humanities and Social Sciences 8 (2018), H. 3, 43–61. Die rechtliche Grundlage für die Agrarreform war die Verordnung *Dekret z dnia 6 września 1946 r. o ustroju rolnym i osadnictwie na obszarze Ziem Odzyskanych i byłego Wolnego Miasta Gdańska* (Verordnung vom 6. September 1946 über die Landwirtschafts- und Siedlungsform in den Wiedergewonnenen Gebieten und der ehemaligen Freien Stadt Danzig). Von den Forschungsarbeiten, die sich mit Privateigentum, Landbesitz und Kollektivierungsprozessen in Polen im 20. Jahrhundert beschäftigen, habe ich v. a. verwendet: Jacek Kochanowicz, The Changing Landscape of Property. Landownership and Modernization in Poland in the Nineteenth and Twentieth Centuries; Dietmar Müller, Property between Delimitation and Nationalization. The Notion, Institutions and Practices of Land Proprietorship in Romania, Yugoslavia and Poland 1918–1948, beide in: Hannes Siegrist/Dietmar Müller (Hgg.), Property in East Central Europe. Notions, Institutions and

Practices of Landownership in the Twentieth Century, New York 2015, 29–47 bzw. 117–143. Darüber hinaus gewinnbringend war Dariusz Jarosz, The Collectivization of Agriculture in Poland. Causes of Defeat, in: Constantin Iordachi/Arnd Bauerkämper (Hgg.), The Collectivization of Agriculture in Communist Eastern Europe. Comparison and Entanglements, Budapest 2014, 113–146, der sich auf die Agrarpolitik der kommunistischen Staatsmacht konzentriert. Eingehende Analysen der Auswirkungen der Agrarreform auf die polnische Gesellschaft finden sich auch in: Małgorzata Machałek, Transition of Polish Countryside in the Years 1918–1989, in: Klio. Czasopismo poświęcone dziejom Polski i powszechnym [Klio. Zeitschrift zur polnischen und allgemeinen Geschichte] 55 (2020), 253–277 (zuerst poln., 2013); Andrzej Leder, Prześniona rewolucja. Ćwiczenia z logiki historycznej [Geträumte Revolution. Eine Übung in historischer Logik], Warschau 2014, bes. 96–149. Vgl. speziell zur Wohnungsknappheit, die von der Agrarreform verursacht wurde, das Memorandum von Władysław Wolski an Premierminister Edward Osóbka-Morawski, AAN, Bestand 196, Akte Nr. 67, 103.

Das komplexe Verhältnis zwischen Transfer, Eigentum und Staatsbürgerschaft in den Westgebieten behandelt der Sammelband: Witold M. Góralski (Hg.), Transfer, obywatelstwo, majątek. Trudne problemy stosunków polsko-niemieckich. Studia i dokumenty [Transfer, Staatsbürgerschaft, Eigentum. Schwierige Probleme der deutsch-polnischen Beziehungen. Studien und Dokumente], Warschau 2005. Die polnische Regierungspolitik gegenüber Schlesiern und anderen einheimischen Bevölkerungsgruppen in den Westgebieten analysiert eingehend: John J. Kulczycki, Belonging to the Nation. Inclusion and Exclusion in the Polish-German Borderlands, 1939–1951, Cambridge, Mass., 2016. Schlesier mit ausgeprägt lokalem Zugehörigkeitsgefühl konzentrierten sich in Oberschlesien. Die Bevölkerung Niederschlesiens hatte zumeist die deutsche Kultur übernommen, doch nach 1945 bildeten auch in jener Region viele ein »lokales« Zugehörigkeitsgefühl aus. Unter den Forschungsarbeiten zur Geschichte der Schlesier nach 1945 ist besonders zu erwähnen: Brendan Jeffrey Karch, Nationalism on the Margins. Silesians between Germany and Poland, 1848–1945, Cambridge, Mass., 2010, <https://www.proquest.com/openview/0821820e20651c4fc3639ff779d18754/1?pq-origsite=gscholar&cbl=18750> (8. August 2025). Den Nationalitätsprüfungsprozess in den Westgebieten behandelt: Marian Orzechowski, Z dziejów polskiej ludności autochtonicznej na Dolnym

Śląsku. Weryfikacja narodowościowa (1945–1949) [Aus der Geschichte der polnischen autochthonen Bevölkerung in Niederschlesien. Nationalitätsprüfung (1945–1949)], in: Śląski Kwartalnik Historyczny Sobótka [The Sobótka Silesian Historical Quarterly] 12 (1957), H. 4, 513–550; Jan Misztal, Weryfikacja narodowościowa na Ziemiach Odzyskanych [Nationalitätsprüfung in den Wiedergewonnenen Gebieten], Warschau 1990; Paweł Kacprzak, Weryfikacja narodowościowa ludności rodzimej i rehabilitacja tzw. »volksdeutschów« w latach 1945–1949 [Nationalitätsprüfung der einheimischen Bevölkerung und Rehabilitierung der sogenannten Volksdeutschen in den Jahren 1945–1949, in: Czasopismo Prawno-Historyczne [Journal of Law and History] 63 (2011), H. 2, 149–165. Einen bemerkenswerten Vergleich zwischen der Politik des polnischen Staates gegenüber der einheimischen Bevölkerung in Niederschlesien und in Ostpreußen bietet Claudia Kraft, Schafft sich der Staat eine polnische Nation oder eine sozialistische Gesellschaft? Systemwandel durch Bevölkerungspolitik in Ostpreußen und in Niederschlesien im Vergleich, in: Bohemia. Zeitschrift für Geschichte und Kultur der böhmischen Länder 50 (2010), H. 1, 23–41.

Die umfassendste Studie über die »Degermanisierung« Niederschlesiens ist die Dissertation von Anna Jankowska-Nagórka, »Deteutonizacja« Dolnego Śląska w latach 1945–1949 jako przykład polityki władz Polski Ludowej wymierzonej przeciwko niemczyźnie [Die »Deteutonisierung« Niederschlesiens in den Jahren 1945–1949 als Beispiel für die Politik der Volksrepublik Polen gegen das Deutsche], Kraków 2017, <http://hdl.handle.net/11716/3009> (8. August 2025). Das Thema behandeln auch: Gregor Thum, Die fremde Stadt. Breslau 1945, Berlin 2003, 367–392; Andrew Demshuk, Reinscribing »Schlesien« as »Śląsk«. Memory and Mythology in a Postwar German-Polish Borderland, in: History & Memory 24 (2012), H. 1, 39–86. Zur Abänderung der Ortsnamen in den Westgebieten vgl. die zahlreichen Arbeiten von Maria Wagińska-Marzec, bes. Ustalanie nazw miejscowości na Ziemiach Zachodnich i Północnych [Die Festlegung von Ortsnamen in den West- und Nordgebieten], in: Zbigniew Mazur (Hg.), Wokół niemieckiego dziedzictwa kulturowego na Ziemiach Zachodnich i Północnych [Zum deutschen Kulturerbe in den West- und Nordgebieten], Poznań 1997, 369–416. Von den weiteren Arbeiten, die ich für diesen Essay verwendet habe, seien zwei Artikel erwähnt: Jun Yoshioka, Imagining Their Lands as Ours. Place Name Changes on Ex-German Territories in

Poland after World War II, in: Slavic Eurasian Studies 15 (2007), 273–287; Damian Utracki, Polityka onomastyczna władz jako element przywracania polskości na Ziemiach Zachodnich po II wojnie światowej (na przykładzie nazewnictwa powiatu słubickiego) [Onomastische Politik der Behörden als Element der Wiederherstellung des Polentums in den Westgebieten nach dem Zweiten Weltkrieg (am Beispiel der Namensgebung des Bezirks Słubice)], in: Studia Zachodnie [Weststudien] 15 (2013), 49–65. Das Schicksal der jüdischen Friedhöfe und Synagogen in Niederschlesien nach 1945 wurde noch nicht gründlich erforscht. Erwähnung findet es jedoch in einigen Arbeiten, die sich mit jüdischen Friedhöfen in Polen im Allgemeinen oder mit der Nachkriegsgeschichte von schlesischen Städten und Dörfern beschäftigen. In dieser Hinsicht beruht meine Arbeit auf: Krzysztof Bielawski, Zagłada cmentarzy żydowskich [Die Vernichtung jüdischer Friedhöfe], Warschau 2020; Małgorzata Bednarek, Sytuacja prawna cmentarzy żydowskich w Polsce 1944–2019 [Die rechtliche Situation der jüdischen Friedhöfe in Polen 1944–2019], Kraków 2020; Przemysław Burchard, Pamiątki i zabytki kultury żydowskiej w Polsce [Jüdische Kulturdenkmäler in Polen], Warschau 1990; Maciej Borkowski/Andrzej Kirmiel/Tamara Włodarczyk, Śladami Żydów. Dolny Śląsk, Opolszczyzna, Ziemia Lubuska [Auf den Spuren der Juden. Niederschlesien, Region Oppeln, Lebuser Land], Warschau 2008.

1 Jan Nagórski, O sprawiedliwy podział dóbr na Ziemiach Odzyskanych [Zur gerechten Güteraufteilung in den Wiedergewonnenen Gebieten], in: Osadnik na Ziemiach Odzyskanych. Dwutygodnik poświęcony sprawom osadnictwa [Der Siedler in den Wiedergewonnenen Gebieten. Zweiwochenschrift für Siedlungsfragen], 10.–25. November 1946, 3–5, hier 3.

2 Dekret z dnia 8 marca 1946 o majątkach opuszczonych i poniemieckich [Dekret vom 8. März 1946 über verlassenes und ehemals deutsches Eigentum], <https://isap.sejm.gov.pl/isap.nsf/download.xsp/WDU19460130087/O/D19460087.pdf> (8. August 2025).

3 Archiv der West- und Nordgebiete des Westinstituts (Archiwum Ziem Zachodnich i Północnych Instytutu Zachodniego), Sammlung Tagebücher. Tagebuchwettbewerbe des Westinstituts (Pamiętniki, IZ. P-68, Wspomnienia Anieli Bojko osiadłej w 1945 roku na Dolnym Śląsku [Erinnerungen von Aniela Bojko, 1945 in Niederschlesien niedergelassen]).

4 Archiv für Neue Akten (Archiwum Akt Nowych, AAN), Bestand 196: Ministerium für die Wiedergewonnenen Gebiete (Ministerstwo Ziem Odzyskanych), Dossier Nr. 985, Staatliches Repatriierungsamt an Alexander Wassilewski, 30. November 1945.
5 AAN, Bestand 196, Dossier Nr. 67, Aktennotiz von Jan Dubiel, Leiter der Siedlungsabteilung, an Władysław Gomułka, Minister für die Wiedergewonnenen Gebiete, 123.
6 Die Daten sind entnommen: Michael Fleming, Communism, Nationalism and Ethnicity in Poland, 1944–1950, London/New York 2009, 56.
7 Dekret z dnia 13 września 1946 r. o wyłączeniu ze społeczeństwa polskiego osób narodowości niemieckiej [Dekret vom 13. September 1946 über den Ausschluss von Personen deutscher Nationalität aus der polnischen Gesellschaft], <https://isap.sejm.gov.pl/isap.nsf/download.xsp/WDU19460550310/O/D19460310.pdf> (8. August 2025).
8 Zit. nach Marian Orzechowski, Z dziejów polskiej ludności autochtonicznej na Dolnym Śląsku. Weryfikacja narodowościowa (1945–1949) [Aus der Geschichte der polnischen autochthonen Bevölkerung in Niederschlesien. Nationalitätsprüfung (1945–1949)], 515, Fn. 9.
9 Staatsarchiv in Wrocław (Archiwum Państwowe we Wrocławiu, APW), Sammlung Woiwodschaftsamt Wrocław [Urząd Wojewódzki Wrocławski], Akte Nr. 309/VI, Bericht über das Nationalitätsprüfungsverfahren vom Bezirkspräfekten Wrocław für den Vertreter des Ministeriums für die Wiedergewonnenen Gebiete, 27. Mai 1946.
10 Piotr Madajczyk/Danuta Berlińska, Polska jako państwo narodowe. Historia i pamięć [Polen als Nationalstaat. Geschichte und Erinnerung], Warschau/Opole 2008, 447.
11 Anna Witkowska, Z Potoku Złotego do Okapu [Von Potok Złoty nach Okap], in: Mirosław Maciorowski (Hg.), Sami swoi i obcy. Prawdziwe historie wypędzonych [Nur die Unsrigen und die Fremden. Wahre Geschichten von Vertriebenen], Warschau 2011, 177–185, hier 179.
12 Zbigniew Żaba, Wrocław nasz [Unser Wrocław], in: Agnieszka Knyt (Hg.), Osadnicy. Nowe życie Kresowiaków na Ziemiach Zachodnich. Nadzieje i niemoc wobec władzy ludowej [Siedler. Das neue Leben der Bewohner des ehemals polnischen Grenzlands in den westlichen Gebieten. Hoffnungen und Ohnmacht gegenüber der Staatsmacht], Warschau 2014, 79–85, hier 82.

13 Zdzisław J. Zieliński, Repatrianci, repatrianci [Repatrianten, Repatrianten], in: Krystyna Tyszkowska (Hg.), Skąd my tu? Wspomnienia repatriantów [Woher kommen wir hierher? Erinnerungen von Repatrianten], Wrocław 2008, 219–232, hier 231.

14 Szyja Bronsztejn, Z dziejów ludności żydowskiej na Dolnym Śląsku po II wojnie światowej [Aus der Geschichte der jüdischen Bevölkerung in Niederschlesien nach dem Zweiten Weltkrieg], Wrocław 1993, 7.

15 Jankowska-Nagórka, »Deteutonizacja« Dolnego Śląska w latach 1945–1949 jako przykład polityki władz Polski Ludowej wymierzonej przeciwko niemczyźnie [Die »Deteutonisierung« Niederschlesiens in den Jahren 1945–1949 als Beispiel für die Politik der Volksrepublik Polen gegen das Deutsche], 72 f.

16 Vgl. Krzysztof Bielawski, Zagłada cmentarzy żydowskich [Die Vernichtung jüdischer Friedhöfe], 164–415.

17 Joanna Konopińska, Tamten wrocławski rok. 1945–1946. Dziennik [Dieses Breslauer Jahr. 1945–1946. Tagebuch], Wrocław 1987, 53.

18 Gregor Thum, Obce miasto. Wrocław 1945 i potem [Die fremde Stadt. Wrocław 1945 und danach], aus dem Dt. übers. von Małgorzata Słabicka, Wrocław 2005, 308.

19 AAN, Bestand 196, Dossier Nr. 496, Memorandum der Abteilung für Verwaltung und öffentliche Ordnung im Ministerium für die Wiedergewonnenen Gebiete, 33 f.

20 Zit. nach Stanisław Bereś, Wstęp [Einführung], in: Andrzej Jochelson, Kronika. Semipałatyńsk–Wrocław [Chronik. Semipałatyńsk–Wrocław], Wrocław 1997, 5–16, hier 13 f.

Unerwünschtes Erbe: Deutsches Eigentum im Alltag der polnischen Neusiedler

Zur Geschichte des östlichen Grenzlandes habe ich u. a. konsultiert: Jan T. Gross, Revolution from Abroad. The Soviet Conquest of Poland's Western Ukraine and Western Belorussia, Princeton, N. J., 2002. Das System der erzwungenen Migrationen in der Sowjetunion hat Pavel Polian gründlich erforscht: ders., Against Their Will. The History and Geography of Forced Migrations in the USSR, Budapest 2004. Zum Transfer von Bewohnern des östlichen Grenzlandes nach Westpolen und zu den Bedingungen dieses Transfers vgl. z. B. Jan Czerniakiewicz, Przemieszczenia ludności polskiej z

ZSRR 1944–1959 [Die Umsiedlungen der polnischen Bevölkerung aus der UdSSR 1944–1959], Warschau 2004. Eine bemerkenswerte Darstellung über die Tätigkeit des Staatlichen Repatriierungsamts in den Westgebieten ist: Dorota Sula, Działalność przesiedleńczo-repatriacyjna Państwowego Urzędu Repatriacyjnego w latach 1944–1951 [Die Umsiedlungs- und Repatriierungsmaßnahmen des Staatlichen Repatriierungsamts 1944–1951], Lublin 2002. Die gesellschaftliche Atmosphäre in Niederschlesien in den ersten Nachkriegsjahren beschreibt u. a. Marek Ordyłowski, Nastroje mieszkańców Wrocławia w latach 1945–1946 [Die Stimmung unter den Einwohnern von Wrocław in den Jahren 1945–1946], in: Dzieje Najnowsze [Neueste Geschichte] 37 (2005), H. 4, 139–150. Von seinen vielen Forschungsarbeiten über Niederschlesien diente mir auch das folgende Werk als Grundlage, das die Beziehung der Neusiedler zur kommunistischen Staatsmacht untersucht: ders., Wieś dolnośląska w latach 1945–1956. Władza a społeczeństwo [Das niederschlesische Dorf 1945–1956. Machthaber und Gesellschaft], Wrocław 1999. Zur wirtschaftlichen Lage der Bewohner Schlesiens in dieser Zeit vgl. z. B. Tomasz Kędra, Sytuacja materialna ludności polskiej na Dolnym Śląsku w latach 1945–1950 [Die materielle Situation der polnischen Bevölkerung in Niederschlesien in den Jahren 1945–1950], in: Łukasz Kamiński/Grzegorz Wołk (Hgg.), Zimowa szkoła historii najnowszej 2012. Referaty [Winterschule für Zeitgeschichte 2012. Vorträge], Warschau 2012, 72–84. Zu Gerüchten und Stadtlegenden vgl. die verschiedenen Zeitzeugenberichte von Neusiedlern sowie Szymon Wrzesiński, Dolny Śląsk kryminalny, podziemny i niezwyczajny. Lwówek Śląski i okolice we wspomnieniach z lat 1945–1989 [Kriminelles, verborgenes und ungewöhnliches Niederschlesien. Lwówek Śląski und Umgebung in Memoiren der Jahre 1945–1989], Warschau 2019; Katarzyna Uczkiewicz, Z pieśnią na ustach [Mit einem Lied auf den Lippen], in: Pamięć i Przyszłość [Gedenken und Zukunft] 2 (2009), H. 4, 39–42. Zur Geschichte der »Goldzug«-Legende in Polen nach 1945 vgl. z. B. Joanna Lamparska, Złoty pociąg. Krótka historia szaleństwa [Der Goldzug. Eine kurze Geschichte des Wahnsinns], Warschau 2016; Tomasz Bonek, Zaginione złoto Hitlera. Bezpieka PRL na tropie skarbu Festung Breslau [Hitlers verlorenes Gold. Die Sicherheitskräfte der VRP auf der Spur des Schatzes der Festung Breslau], Kraków 2020.

Mit der politischen und wirtschaftlichen Geschichte des östlichen Grenzlandes in der Zweiten Polnischen Republik hat sich Eleonora Kirwiel eingehend befasst: dies., Kresy Północno-Wschodnie Rzeczypospolitej Polskiej w latach 1918–1939. Oblicze polityczne [Die nordöstlichen Grenzgebiete der Republik Polen in den Jahren 1918–1939. Politischer Charakter], Lublin 2011; dies., Gospodarka Kresów Północno-Wschodnich II Rzeczypospolitej. Uwarunkowania rozwoju, reformy ekonomiczne [Die Wirtschaft des nordöstlichen Grenzlandes in der Zweiten Polnischen Republik. Entwicklungsbedingungen, Wirtschaftsreformen], in: Studia z historii społeczno-gospodarczej XIX i XX wieku [Studien zur Sozial- und Wirtschaftsgeschichte] 10 (2012), 181–193; dies., Cechy charakterystyczne obszaru Kresów Północno-Wschodnich Rzeczypospolitej Polskiej okresu międzywojennego [Charakteristische Merkmale des nordöstlichen Grenzlandes der Republik Polen in der Zwischenkriegszeit], in: Annales Universitatis Mariae Curie-Skłodowska. Sectio K 13 (2006), 93–105. Eine umfassende und faszinierende Darstellung der Region in der ersten Hälfte des 20. Jahrhunderts mit wichtigen Informationen zu den Themen Infrastruktur und Bevölkerung bietet außerdem Kate Brown, Biography of No Place. From Ethnic Borderland to Soviet Heartland, Cambridge, Mass., 2005. Für die politische und wirtschaftliche Entwicklung Niederschlesiens stützt sich dieser Essay auf Wojciech Wrzesiński (Hg.), Dolny Śląsk. Monografia historyczna [Niederschlesien. Historische Monografie], Wrocław 2006, sowie auf die historische Reihe: Lucyna Harc/Przemysław Wiszewski/Rościsław Żerelik (Hgg.), »Cuius regio? Ideological and Territorial Cohesion of the Historical Region of Silesia (c. 1000–2000)«, 5 Bde., Wrocław 2013–2015, bes. Bd. 3: Lucyna Harc/Teresa Kulak (Hgg.), Silesia under the Authority of the Hohenzollerns (1741–1918), Wrocław 2015, sowie Bd. 4: Marek Czapliński/Przemysław Wiszewski (Hgg.), Region Divided. Times of Nation-States (1918–1945), Wrocław 2014.

Die umfassendste Darstellung über die Plünderungen in Polen im Krieg und danach bietet Marcin Zaremba, Die große Angst. Polen 1944–1947. Leben im Ausnahmezustand, aus dem Poln. übers. von Sandra Ewers, Paderborn 2016, bes. das Kapitel »Plünderfieber«, 213–243. Zur Plünderung jüdischen Eigentums und deren Rolle bei der Judenvernichtung vgl. Jan T. Gross, Neighbors. The Destruction of the Jewish Community in Jedwabne, Poland, Princeton, N. J., 2001, bes. das Kapitel »Plunder«, 105–110. Zur Plünderung jüdischen Eigentums nach 1945 sind in den zurückliegenden Jahren mehrere Arbeiten erschienen, vgl. bes. Jan Tomasz Gross/Irena Grudzińska-Gross, Golden Harvest. Events at the Periphery of the Holocaust, New York 2012; Paweł Piotr Reszka,

Płuczki. Poszukiwacze żydowskiego złota [Spülgruben. Auf der Suche nach jüdischem Gold], Warschau 2019. Die Dissertationsschrift von Kornelia Kończal, Politics of Plunder. Post-German Property and the Reconstruction of East Central Europe after the Second World War, untersucht die Plünderung deutschen Eigentums in Polen und der Tschechoslowakei im wirtschaftlichen, politischen und rechtlichen Kontext. Die Arbeit wurde 2017 am European University Institute in Florenz eingereicht und liegt bislang nicht als Monografie vor. Ich bedanke mich bei der Autorin, die mir freundlicherweise Zugang zum Manuskript gewährt hat. Die Plünderungen durch polnische Verwaltungsbeamte waren im Ministerium für die Wiedergewonnenen Gebiete ein häufig behandeltes Thema. Als Gegenmaßnahme wurden die Kommunen zur Einreichung von Tätigkeitsberichten verpflichtet. Diese befinden sich im AAN in Warschau (vgl. Bestand 196, Akte Nr. 67, Bericht des Abwicklungsamts von Wrocław an den Minister für die Wiedergewonnenen Gebiete Władysław Gomułka, 175–177).

Diverse Beispiele für Kulturgutplünderungen bietet Karolina Brzęk, Rzeczy i ludzie w powojennym Wrocławiu [Dinge und Menschen im Wrocław der Nachkriegszeit], in: Jacek Małczyński/Renata Tańczuk (Hgg.), Do rzeczy! Szkice kulturoznawcze [Zur Sache! Kulturwissenschaftliche Skizzen], Wrocław 2011, 75–90. Zur Suche nach Kulturschätzen in Niederschlesien durch die polnischen Behörden vgl. J. Robert Kudelski, Rewindykacja dóbr kultury na Dolnym Śląsku w latach 1945–1949 [Die Rückforderung von Kulturgütern in Niederschlesien in den Jahren 1945–1949], in: Kwartalnik Historyczny [Historische Vierteljahrsschrift] 123 (2016), H. 1, 71–94; Adriana Merta-Staszczak, Akcja zabezpieczania zabytków ruchomych na Dolnym Śląsku w pierwszych latach powojennych [Die Aktion zur Sicherung beweglicher Denkmäler in Niederschlesien in den ersten Nachkriegsjahren], in: Samanta Kowalska (Hg.), Ochrona dziedzictwa kulturowego. Intertemporalność, archiwum pamięci [Der Schutz von Kulturerbe. Intertemporalität, Erinnerungsarchiv], Poznań/Kalisz 2018, 161–177. Ebenfalls zu nennen ist der Band von Szymon Wrzesiński/Krzysztof Urban, Skarby III Rzeszy ukryte na Dolnym Śląsku. Relacje, dokumenty, wspomnienia [In Niederschlesien verborgene Schätze des Dritten Reichs. Berichte, Dokumente, Erinnerungen], Warschau 2013, der eine Vielzahl Originaldokumenten zum Schicksal des deutschen Kulturbesitzes in Niederschlesien zeigt. Zur akademischen Garde vgl. Edward Kuś, Straż akademicka – pierwsza organizacja studencka w wyzwolonym Wrocławiu (maj–grudzień 1945 r.) [Die Akademische Garde – die erste Studentenorganisation im befreiten Wrocław (Mai–Dezember 1945)], in: Śląski Kwartalnik Historyczny Sobótka [The Sobótka Silesian Historical Quarterly] 30 (1975), H. 3, 375–389. Zur Geschichte des polnischen Staatsarchivs in Wrocław vgl. Grażyna Trzaskowska/Ivo Łaborewicz (Hgg.), Listy Michała Wąsowicza do Witolda Suchodolskiego i inne źródła archiwalne 1945–1954. Rzecz o archiwach, archiwistach i archiwaliach na Dolnym Śląsku [Briefe von Michał Wąsowicz an Witold Suchodolski und andere archivarische Quellen 1945–1954. Über Archive, Archivare und Archivalia in Niederschlesien], Wrocław 2016.

Zum Alltag von Kindern in den Westgebieten vgl. Beata Halicka, The Everyday Life of Children in Polish-German Borderlands During the Early Postwar Period, in: Machteld Venken (Hg.), Borderland Studies Meets Child Studies. A European Encounter, Frankfurt a. M. 2017, 115–138. Stanisław Bereś hat sich eingehend mit Jugenderinnerungen an die Umgebung mit deutschen Gegenständen befasst: ders., Okruchy Atlantydy. Wrocławski Riff [Krümel von Atlantis. Breslauer Riff], Wrocław 2011. Wichtig für meine Arbeit war ferner der Sammelband: Wojciech Kucharski/Grzegorz Strauchold (Hgg.), Dzieci, młodzież i studenci na Ziemiach Zachodnich po II wojnie światowej [Kinder, Jugendliche und Studenten in den Westgebieten nach dem Zweiten Weltkrieg], Wrocław 2012.

Zur Haltung der kommunistischen Behörden in Polen gegenüber den Deutschen im Land vgl. die Artikelsammlung Adam Dziurok/Piotr Madajczyk/Sebastian Rosenbaum (Hgg.), Die Haltung der kommunistischen Behörden gegenüber der deutschen Bevölkerung in Polen in den Jahren 1945 bis 1989, Gliwice/Opole 2015. Die Darstellung der deutschen Vertriebenen in der Propaganda der Wiedergewonnenen Gebiete analysiert z. B. Marcin Miodek, Niemcy. Publicystyczny obraz w »Pionierze«/»Słowie Polskim« 1945–1989 [Die Deutschen. Das publizistische Bild in »Pionier«/»Słowo Polskie« 1945–1989], Wrocław 2008. Zu den Gemeinsamkeiten zwischen polnischen Neusiedlern und den zur erzwungenen Migration vorgesehenen deutschen Bewohner vgl. u. a. Philipp Ther, The Integration of Expellees in Germany and Poland after World War II. A Historical Reassessment, in: Slavic Review 55 (1996), H. 4, 779–805. Mit der Zeit des gemeinsamen Wohnens von Polen und Deutschen befasst sich Gregor Thum, Die fremde Stadt. Breslau 1945, Berlin 2003, 134–150; vgl. dazu auch Anna Holzer-Kawałko, East Meets West. Polish-German Coexistence in Lower

Silesia through the Memories of Polish Expellees, 1945–1947, in: Jan Fellerer/Robert Pyrah (Hgg.), Lviv and Wrocław, Cities in Parallel? Myth, Memory and Migration, c. 1890–Present, Budapest/New York 2020, 101–122. Zur Darstellung der antideutschen Gewalt der Roten Armee in Schlesien vgl. Joanna Hytrek-Hryciuk, »Rosjanie nadchodzą!« Ludność niemiecka a żołnierze Armii Radzieckiej (Czerwonej) na Dolnym Śląsku w latach 1945–1948 [»Die Russen kommen!« Die deutsche Bevölkerung und die Soldaten der Sowjetischen (Roten) Armee in Niederschlesien 1945–1948], Wrocław 2010. Das Verhältnis zwischen Emigranten des östlichen Grenzlandes und Neusiedlern aus Zentralpolen untersucht Paweł Lewandowski, Wschód i Zachód przemieszczone oraz odtworzone. Powstanie postmigracyjnego społeczeństwa polskich Ziem Zachodnich [Osten und Westen verschoben und rekonstruiert. Das Entstehen einer Postmigrationsgesellschaft der polnischen Westgebiete], in: Kultura i Społeczeństwo [Kultur und Gesellschaft] 67 (2013), H. 3, 203–216.

1 Michał Sobków, Do innego kraju [In ein anderes Land], in: Agnieszka Knyt (Hg.), Osadnicy. Nowe życie Kresowiaków na Ziemiach Zachodnich. Nadzieje i niemoc wobec władzy ludowej [Siedler. Das neue Leben der Bewohner des ehemals polnischen Grenzlands in den westlichen Gebieten. Hoffnungen und Ohnmacht gegenüber der Staatsmacht], Warschau 2014, 39–59, hier 45.
2 Wiktoria Kwiatkowska, Obczyzna [Fremde], in: Knyt (Hg.), Osadnicy [Siedler], 61–77, hier 74.
3 Jadwiga Korcz-Dziadosz, Przeflancowani [Die Umgepflanzten], in: Mirosław Maciorowski (Hg.), Sami swoi i obcy. Prawdziwe historie wypędzonych [Nur die Unsrigen und die Fremden. Wahre Geschichten von Vertriebenen], Warschau 2011, 143–153, hier 145.
4 Digitales Archiv des Zentrums »Gedenken und Zukunft« (Cyfrowe Archiwum Ośrodka »Pamięć i Przyszłość«, OPiP), Bestand 1: Oral-History-Archiv (Archiwum Historii Mówionej), Serie 7: AHM MONA, PL OPiP III-1-7-71, Zeitzeugenbericht von Ignacy Einhorn.
5 Anna Komsta, Złotowłosa Stasia i batiar [Die goldhaarige Stasia und der Batjar], in: Maciorowski (Hg.), Sami swoi i obcy, 71–87, hier 74.
6 Franciszek Sikorski, Ze wzgórz na doliny [Von den Hügeln in die

Täler], in: Krystyna Tyszkowska (Hg.), Skąd my tu? Wspomnienia repatriantów [Woher kommen wir hierher? Erinnerungen von Repatrianten], Wrocław 2008, 25–57, hier 44.
7 OPiP, Bestand 1, Serie 7, PL OPiP III-1-7-178, Zeitzeugenbericht von Tadeusz Gliński.
8 Bronisław Kowacz, Rabunek [Raub], in: Knyt (Hg.), Osadnicy [Siedler], 13–22, hier 15.
9 Ebd., 18.
10 Kwiatkowska, Obczyzna [Fremde], 71.
11 Zit. nach Uczkiewicz, Z pieśnią na ustach [Mit einem Lied auf den Lippen], 42.
12 See Kate Brown, Kresy. Biografia krainy, której nie ma. Jak zniszczono wielokulturowe pogranicze [Kresy. Biografie einer Region, die es nicht mehr gibt. Wie das multikulturelle Grenzgebiet zerstört wurde], Kraków 2013, 19.
13 OPiP, Bestand 1, Serie 7, PL OPiP III-1-7-424, Zeitzeugenbericht von Luta Brachfeld.
14 OPiP, Bestand 1, Serie 7, PL OPiP III-1-7-201, Zeitzeugenbericht von Romana Szechidewicz.
15 Marcin Zaremba, Szaber Frenzy, in: Holocaust Studies and Materials. Journal of the Polish Center for Holocaust Research 2 (2010), 173–202.
16 Ders., Die große Angst. Polen 1944–1947. Leben im Ausnahmezustand, aus dem Poln. übers. von Sandra Ewers, Paderborn 2016, 222.
17 Jan Kurdwanowski, Odzyskiwanie miasta [Die Rückeroberung der Stadt], in: Knyt (Hg.), Osadnicy [Siedler], 23–37, hier 29.
18 OPiP, Bestand 1, Serie 7, PL OPiP III-1-7-413, Zeitzeugenbericht von Tadeusz Schima und seiner Frau Wanda Schima.
19 Sobków, Do innego kraju [In ein anderes Land], 44 f.
20 Thum, Die fremde Stadt, 74.
21 Zarządzenie Ministra Ziem Odzyskanych z dnia 22 lutego 1946 r. (L. dz. 3125/260/46) w sprawie zakazu wywozu mienia ruchomego z Ziem Odzyskanych [Anordnung des Ministers für die Wiedergewonnenen Gebiete vom 22. Februar 1946 (Nr. 3125/260/46) zum Verbot der Ausfuhr von beweglichen Gütern aus den Wiedergewonnenen Gebieten], in: Dziennik Urzędowy Ministerstwa Oświaty, Nr. 2, 25. April 1946, Warschau, 53–55, hier 54.
22 Archiv für Neue Akten (Archiwum Akt Nowych, AAN), Bestand 196: Ministerium für die Wiedergewonnenen Gebiete (Mini-

sterstwo Ziem Odzyskanych), Dossier Nr. 67, Aktenvermerk der Prüfungsabteilung des Ministeriums für die Wiedergewonnenen Gebiete, 168.
23 Zit. nach Zaremba, Die große Angst, 241 f.
24 Kurdwanowski, Odzyskiwanie miasta, 27–29.
25 OPiP, Bestand 1, Serie 7, PL OPiP III-1-7-440, Zeitzeugenbericht von Stanisław Nosal.
26 OPiP, Bestand 1, Serie 7, PL OPiP III-1-7-391, Zeitzeugenbericht von Maria Kawińska.
27 Zentrum »Karta« (Ośrodek »Karta«), Oral-History-Archiv (Archiwum Historii Mówionej), Sammlung Krzyż-Kreuz w XX wieku. Polska i niemiecka pamięć pewnego miasta [Krzyż-Kreuz im 20. Jahrhundert. Polnische und deutsche Erinnerung an eine bestimmte Stadt], Akte Nr. AHM-1232, Zeitzeugenberichte von Danuta Kosińska und Marian Kosiński.
28 Adolf Juzwenko, Zbawienie w wagonie [Erlösung im Waggon], in: Maciorowski (Hg.), Sami swoi i obcy, 49–59, hier 53.
29 Zbigniew Żaba, Wrocław nasz [Unser Wrocław], in: Knyt (Hg.), Osadnicy [Siedler], 79–85, hier 83 f.
30 Cyryl Priebe, Szkoła z szabru [Eine Schule aus geplündertem, verlassenem Eigentum], in: Knyt (Hg.), Osadnicy [Siedler], 87–111, hier 102 f.
31 Zdzisław J. Zieliński, Repatrianci, repatrianci [Repatrianten, Repatrianten], in: Tyszkowska (Hg.), Skąd my tu? [Woher kommen wir hierher?], 219–232, hier 228.
32 Andrzej Jochelson, Kronika. Semipałatyńsk–Wrocław [Chronik. Semipałatyńsk–Wrocław], Wrocław 1997, 205.
33 Kwiatkowska, Obczyzna [Fremde], 72.
34 Sammlung Ku nowemu życiu, Zeitzeugenbericht von Ignacy Einhorn, Anatewka Dolnośląska, in: Tamara Włodarczyk (Hg.), Ku nowemu życiu. Żydzi na Dolnym Śląsku w latach 1945–1970 [Auf dem Weg zu einem neuen Leben. Juden in Niederschlesien in den Jahren 1945–1970], Wrocław 2017, 119–129, hier 121.
35 Aleksander Pietraszko, Osadnik wojskowy [Kriegssiedler], in: Zygmunt Dulczewski / Andrzej Kwilecki (Hgg.), Pamiętniki osadników ziem odzyskanych [Erinnerungen von Siedlern in den Wiedergewonnenen Gebieten], Poznań 1963, 184–194, hier 190.
36 Albert Gaszyński, Skąd się wziąłem w Świdnicy? [Wie kam ich nach Świdnica?], in: Krystyna Bartela u. a. (Hgg.), Moje dwie »małe ojczyzny«. Wspomnienia świdniczan [Meine zwei

»kleinen Heimatländer«. Erinnerungen von Einwohnern von Świdnica], Świdnica 2013, 29–39, hier 38.
37 Jochelson, Kronika [Chronik], 14.
38 Anordnung Nr. 1 des Regierungsbevollmächtigten der Republik Polen für den Bezirk Niederschlesien, Stanisław Piaskowski, über die Grundsätze des Vorgehens von Beamten der staatlichen Verwaltung im Gebiet Niederschlesien (Auszüge), 2. April 1945, zit. nach Włodzimierz Borodziej/Hans Lemberg (Hgg.), »Unsere Heimat ist uns ein fremdes Land geworden ...«, Bd. 4: Wojewodschaften Pommerellen und Danzig (Westpreußen) (Einleitung, Auswahl und Bearbeitung der Dokumente von Ingo Eser und Witold Stankowski)/Wojewodschaft Breslau (Niederschlesien) (Einleitung, Auswahl und Bearbeitung der Dokumente von Claudia Kraft und Stanisław Jankowiak), Marburg 2004, 436–438, hier 437.
39 Kwiatkowska, Obczyzna [Fremde], 73.
40 Poleżeć na łące w błogiej ciszy ... Relacja Zofii Krzywonos [In herrlicher Stille auf der Wiese liegen ... Der Bericht von Zofia Krzywonos], in: Zbigniew Piotrowicz (Hg.), Czas ocalony. Wspomnienia mieszkańców Lądka Zdroju i Stronia Śląskiego [Erinnerungen von Einwohnern von Lądek Zdrój und Stronie Śląskie], Lądek-Zdrój 2003, 51–57, hier 53 f.
41 OPiP, Bestand 1, Serie 7, PL OPiP III-1-7-176, Zeitzeugenbericht von Maria Socha.
42 Zit. nach Karolina Kuszyk, In den Häusern der Anderen. Spuren deutscher Vergangenheit in Westpolen, aus dem Poln. von Bernhard Hartmann, Berlin 2022, 53 f. (Auslassungen im Original).
43 OPiP, Bestand 1, Serie 7, PL OPiP III-1-7-260, Zeitzeugenbericht von Edward Głowacz.
44 Sobków, Do innego kraju [In ein anderes Land], 56 f.
45 OPiP, Bestand 1, Serie 7, PL OPiP III-1-7-180, Zeitzeugenbericht von Wanda Łyżwa.
46 Zygmunt Sobolewski, Między Zbruczem a Odrą [Zwischen Sbrutsch und Oder], in: Tyszkowska (Hg.), Skąd my tu? [Woher kommen wir hierher?], 109–140, hier 139.
47 Henryk Tomasz Ogonowski, Wspomnienia czabarowiaka [Erinnerungen eines Menschen aus Czabarówka], in: ebd., 83–91, hier 90.
48 OPiP, Bestand 1, Serie 7, PL OPiP III-1-7-180, Zeitzeugenbericht von Wanda Łyżwa.

49 Alina Janik, Scheda [Erbe], in: Bartela u. a. (Hgg.), Moje dwie »małe ojczyzny« [Meine zwei »kleinen Heimatländer«], 61–74, hier 71.
50 Vgl. hierzu bes. Leszek Kosiński, Pochodzenie terytorialne ludności Ziem Zachodnich w 1950 r [Territoriale Herkunft der Bevölkerung in den Westgebieten im Jahr 1950], Warschau 1960.
51 Poleżeć na łące w błogiej ciszy ... Relacja Zofii Krzywonos [In herrlicher Stille auf der Wiese liegen ... Der Bericht von Zofia Krzywonos], 53 f.
52 Zit. nach Kuszyk, In den Häusern der Anderen, 48 (Auslassungen im Original).
53 Joanna Konopińska, Tamten wrocławski rok. 1945–1946. Dziennik [Dieses Breslauer Jahr. 1945–1946. Tagebuch], Wrocław 1987, 77.
54 Vgl. Lewandowski, Wschód i Zachód przemieszczone oraz odtworzone [Osten und Westen verschoben und rekonstruiert], 206.
55 Żaba, Wrocław nasz [Unser Wrocław], 79.

Die Illusion der Kontinuität:
Jüdische Neusiedler und das deutsch-jüdische Erbe

Die wichtigsten Arbeiten zum neuen »Jischuw« in Niederschlesien stammen von Szyja Bronsztejn, Arnold Goldsztejn und Bożena Szaynok, die alle eine allgemeine Darstellung der jüdischen Geschichte der Region bieten: Szyja Bronsztejn, Z dziejów ludności żydowskiej na Dolnym Śląsku po II wojnie światowej [Aus der Geschichte der jüdischen Bevölkerung in Niederschlesien nach dem Zweiten Weltkrieg], Wrocław 1993; Arnold Goldsztejn, Powstanie skupiska ludności żydowskiej na Dolnym Śląsku w latach 1945–1947 [Die Entstehung der jüdischen Ansiedlung in Niederschlesien in den Jahren 1945–1947], in: Śląski Kwartalnik Historyczny Sobótka [The Sobótka Silesian Historical Quarterly] 22 (1967), H. 1–2, 191–202; Bożena Szaynok, Ludność żydowska na Dolnym Śląsku. 1945–1950 [Die jüdische Bevölkerung in Niederschlesien. 1945–1950], Wrocław 2000. Das Thema haben auch behandelt: Helga Hirsch, Gehen oder bleiben? Juden in Pommern und Niederschlesien 1945–1957, Göttingen 2011; Agnieszka Ilwicka, Grand Illusion? The Phenomenon of Jewish Life in Poland after the Holocaust in Lower Silesia, in: The Person and the Challenges 4 (2014),

H. 2, 97–125; Dorota Sula, Osadnictwo repatriowanej ludności żydowskiej na Dolnym Śląsku w latach 1945–1949 [Die Ansiedlung der repatriierten jüdischen Bevölkerung in Niederschlesien in den Jahren 1945–1949], in: Słupskie Studia Historyczne [Historische Studien aus Słupsk] 3 (1993), 67–81. Von jüngeren Forschungsarbeiten zur jüdischen Bevölkerung in einzelnen Städten Niederschlesiens habe ich verwendet: Katharina Friedla, Juden in Breslau/Wrocław 1933–1949. Überlebensstrategien, Selbstbehauptung und Verfolgungserfahrungen, Köln/Weimar/Wien 2015; Paweł Wieczorek, Żydzi w Wałbrzychu i powiecie wałbrzyskim 1945–1968 [Juden in Wałbrzych und im Landkreis Wałbrzych 1945–1968], Wrocław/Warschau 2017; Kamil Kijek, Reichenbach/Rychbach/Dzierżoniów. A Center for Jewish Live in Poland in a Period of Transition, 1945–1950, in: Kata Bohus u. a. (Hgg.), Our Courage. Jews in Europe 1945–48, Berlin/München/Boston, Mass., 2020, 104–113; Bezalel Lavi, The Community Which »Sat on the Suitcases« (Dzierżoniów), in: Kwartalnik Historii Żydów [Vierteljahreshefte für die Geschichte der Juden] 262 (2017), H. 2, 245–271; Andrzej Nowak, The Jewish Settlement in Chojnów 1945–1950, in: Marcin Wodziński/Janusz Spyra (Hgg.), Jews in Silesia, Kraków 2001, 229–238; Marcin Wolny, Ludność żydowska w Świdnicy w latach 1945–1970 [Die jüdische Bevölkerung in Świdnica 1945–1970], in: Rocznik Świdnicki [Jahrbuch von Świdnica] 31 (2003), 128–157; Tamara Włodarczyk/Ignacy Einhorn/Tomasz Jamróg, Dzieje społeczności żydowskiej w Kłodzku w XIX–XX w. [Die Geschichte der jüdischen Gemeinschaft in Kłodzko im 19. und 20. Jahrhundert], Warschau 2006. Für weitere spezielle Aspekte der Geschichte der Juden in Polen nach 1945 habe ich verwendet: David Engel, Bejn schiḥrur li-veriḥa. Niẓolej ha-scho'a be-Polin we-ha-ma'avak al hanhagatam, 1944–1946 [Zwischen Befreiung und Flucht. Schoah-Überlebende und der Kampf um ihre Führung, 1944–1946], Tel Aviv 1996; Felix Tych/Monika Adamczyk-Garbowska (Hgg.), Jewish Presence in Absence. The Aftermath of the Holocaust in Poland, 1944–2010, Jerusalem 2014, mit mehreren Arbeiten prominenter polnischer Forscherinnen und Forscher zum polnischen Judentum nach der Schoah.

Zu den ehemaligen jüdischen Häftlingen aus dem Konzentrationslager Groß-Rosen vgl. Mirosław Sadowski, Z badań nad więźniami żydowskimi wyzwolonymi w filiach obozu koncentracyjnego Gross-Rosen [Aus den Forschungen zu befreiten jüdischen Häftlingen der Außenstellen des Konzentrationslagers Groß-Rosen], in: Studia nad Faszyzmem i Zbrodniami Hitlerowskimi [Studien über Faschismus und Verbrechen der Nazis] 16 (1993), 252–276. Vgl. auch die Darstellung zum Zentralkomitee der Juden in Polen von August Grabski, Centralny Komitet Żydów w Polsce (1944–1950). Historia polityczna [Das Zentralkomitee der Juden in Polen (1944–1950). Politische Geschichte], Warschau 2015. Zum Verhältnis von Juden zum Kommunismus in Polen habe ich vor allem eingesehen: Krystyna Kersten, Polacy, Żydzi, Komunizm. Anatomia Półprawd, 1939–68 [Polen, Juden, Kommunismus. Anatomie einer Halbwahrheit, 1939–68], Warschau 1992. Zum Mythos der »*żydokomuna*« vgl. Paweł Śpiewak, Żydokomuna Interpretacje historyczne [Żydokomuna. Historische Interpretationen], Warschau 2012; Aleksander Sołtysik, Konstytutywne cechy mitu »żydokomuny« w Polsce w latach 1944–1947. Próba analizy [Konstitutive Merkmale des Mythos der »Żydokomuna« in Polen 1944–1947. Ein Analyseversuch], in: Zeszyty Naukowe Uniwersytetu Jagiellońskiego. Prace Historyczne [Wissenschaftliche Zeitschriften der Jagiellonen-Universität. Historische Werke] 134 (2007), 143–162. Für ein tieferes Verständnis der Zusammenarbeit zwischen der Führung der jüdischen Gemeinschaft und der kommunistischen Staatsmacht bei der Besiedlung Niederschlesiens vgl. bes.: Kamil Kijek, Aliens in the Lands of Piasts. The Polonization of Lower Silesia and Its Jewish Community in the Years 1945–1950, in: Tobias Grill (Hg.), Jews and Germans in Eastern Europe. Shared and Comparative Histories, Berlin/Boston, Mass., 2018, 234–255.

Zum Transfer von Juden aus der Sowjetunion in die polnischen Westgebiete vgl. Yosef Litvak, Polish-Jewish Refugees Repatriated from the Soviet Union to Poland at the End of the Second World War and Afterwards, in: Norman Davies/Antony Polonsky (Hgg.), Jews in Eastern Poland and the USSR, 1939–46, London 1991, 227–239; Dorota Sola, Z ZSSR na Dolny Śląsk. Przesiedlenie i repatriacja polskich Żydów w latach 1945–1947 [Aus der UdSSR nach Niederschlesien. Umsiedlung und Repatriierung der polnischen Juden 1945–1947], in: Lidia Zessin-Jurek/Katharina Friedla (Hgg.), Syberiada Żydów polskich. Losy uchodźców z Zagłady [Die Sibiriade der polnischen Juden. Das Schicksal der Schoah-Flüchtlinge], Warschau 2020, 561–588.

Zur schwierigen Rückkehr von Schoah-Überlebenden in ihre ehemaligen Wohnorte in Polen nach dem Krieg sind in den letzten Jahren zahlreiche Forschungsarbeiten erschienen. Vgl. hierzu bes. die Studie zum Schicksal der Juden von Radom von Łukasz

Krzyżanowski, Ghost Citizens. Jewish Return to a Postwar City, aus dem Poln. übers. von Madeline G. Levine, Cambridge, Mass., 2020. Zu den Erinnerungen von Überlebenden, nach dem Krieg in ihre Häuser zurückzukehren, vgl. auch Monika Rice, »What! Still Alive?!« Jewish Survivors in Poland and Israel Remember Homecoming, Syracuse, N.Y., 2017. Die Spannungen zwischen der lokalen polnischen Bevölkerung und den Schoah-Überlebenden rührten vielfach vom Streit um jüdisches Eigentum her, das inzwischen in nichtjüdische Hände übergegangen war. Dazu Jan Grabowski/ Dariusz Libionka (Hgg.), Klucze i kasa. O mieniu żydowskim w Polsce pod okupacją niemiecką i we wczesnych latach powojennych 1939–1950 [Schlüssel und Moneten. Über jüdisches Eigentum in Polen unter deutscher Besatzung und in den ersten Nachkriegsjahren, 1939–1950], Warschau 2014; Yechiel Weizman, Unsettled Possession. The Question of Ownership of Jewish Sites in Poland after the Holocaust from a Local Perspective, in: Jewish Culture and History 18 (2017), H.1, 34–53.

Hinsichtlich der Entwicklung einer jiddischen Kultur in Niederschlesien habe ich mich vor allem auf die relevanten Kapitel der Monografie von Bożena Szaynok gestützt: dies., Ludność żydowska na Dolnym Śląsku. 1945–1950 [Die jüdische Bevölkerung in Niederschlesien. 1945–1950], 76 f. und 117–125; außerdem auf Kazimierz Pudło, Życie kulturalne dolnośląskiego środowiska żydowskiego (1945–1985) [Das Kulturleben der niederschlesischen jüdischen Gemeinschaft (1945–1985)], in: Kultura Dolnośląska [Niederschlesische Kultur] 3–4 (1985), 33–35; Beata Hebzda-Sołogub, Życie kulturalne dzierżoniowskich Żydów w latach 1945– 1968 [Das Kulturleben der Juden in Dzierżoniów in den Jahren 1945–1968], in: dies. (Hg.), Przechować pamięć o przeszłości [Die Erinnerung an die Vergangenheit bewahren], Dzierzoniów 2002, 9–18. Zum jüdischen Theater in Niederschlesien: Anna Hannowa, Ku upaństwowieniu teatru żydowskiego – na Dolnym Śląsku [Auf dem Weg zur Verstaatlichung des jüdischen Theaters – in Niederschlesien], in: Anna Kuligowska-Korzeniewska (Hg.), Teatralna Jerozolima. Przeszłość i teraźniejszość [Theatralisches Jerusalem. Vergangenheit und Gegenwart], Warschau 2006, 84–97.

Unter den Arbeiten zur Geschichte der jüdischen Gemeinden Niederschlesiens gibt es mehrere mit einem Bezug zum Jüdisch-Theologischen Seminar in Breslau: Bernhard Brilling, Die jüdischen Gemeinden Mittelschlesiens. Entstehung und Geschichte, Stuttgart u. a. 1972; Marcus Brann, Geschichte der Juden in Schlesien, Breslau 1917; Israel Rabin, Vom Rechtskampf der Juden in Schlesien (1582–1713), Breslau 1927; ders., Die Emanzipationsbestrebungen der schlesischen Juden um die Wende des 17. Jahrhunderts, Oppeln 1929. Vgl. auch neuere Arbeiten hierzu: Andreas Brämer/Arno Herzig/Krzysztof Ruchniewicz (Hgg.), Jüdisches Leben zwischen Ost und West. Neue Beiträge zur jüdischen Geschichte in Schlesien, Göttingen 2014; Wodziński/Spyra (Hgg.), Jews in Silesia. Zur Geschichte der Juden in Breslau vgl. die zahlreichen Arbeiten von Bernhard Brilling: ders., Geschichte der Juden in Breslau von 1454–1702, Stuttgart 1960; ders., Geschichte der Juden in Breslau 1702–1725, Berlin 1971; ders., Friedrich der Große und der Waad Arba Arazoth. Ein Kapitel aus der Geschichte der Juden in Breslau im 18. Jahrhundert, Leiden 1970. Der vorliegende Essay stützt sich ferner auf den Sammelband von Manfred Hettling/Andreas Reinke/Norbert Conrads (Hgg.), In Breslau zu Hause? Juden in einer mitteleuropäischen Metropole der Neuzeit, Hamburg 2003. Zum Verhältnis zwischen Juden und Christen in Breslau im 19. und frühen 20. Jahrhundert: Till van Rahden, Juden und andere Breslauer. Die Beziehungen zwischen Juden, Protestanten und Katholiken in einer deutschen Großstadt von 1860 bis 1925, Göttingen 2000. Das Wissen zu jüdischen Schulen in der Region habe ich der Darstellung des Fallbeispiels Świdnica entnommen: Andrzej Szczepański, Oświata żydowsk w powojennej Legnicy (1945–1968) [Jüdische Bildung in Legnica in der Nachkriegszeit (1945–1968)], in: Biuletyn Historii Wychowania [Bulletin zur Bildungsgeschichte] 29 (2013), 101–115. Zu Reiseberichten jüdischer Journalisten in Niederschlesien nach dem Krieg vgl. Robert L. Cohn, Early Postwar Travelers on the Future of Jewish Life in Poland, in: The Polish Review 53 (2008), H. 3, 317–340.

Vgl. zur Geschichte des Jüdisch-Theologischen Seminars in Breslau z. B. Marcus Brann, Geschichte des Jüdisch-Theologischen Seminars (Fraenckel'sche Stiftung) in Breslau. Festschrift zum fünfzigjährigen Jubiläum der Anstalt, Hildesheim 2010 (zuerst 1904), sowie »jüngere« Arbeiten dazu: Guido Kisch (Hg.), Das Breslauer Seminar. Jüdisch-Theologisches Seminar (Fraenckelscher Stiftung) in Breslau 1854–1938, Tübingen 1963; Esther Seidel, The Jewish Theological Seminary of Breslau 1854–1938, in: European Judaism 38 (2005), H. 1, 133–144; Guy Miron, Ha-seminar le-rabanim be-Bresla'u – ha-dor ha-aḥaron [Das Rabinerseminar in Breslau – die letzte Generation], in: ders. (Hg.), Mi-Bresla'u le-Jeruschalajim. bate midrasch le-rabanim. Pirke meḥkar we-hagut [Von

Breslau nach Jerusalem. Rabbinerseminare. Texte zur Forschung und zum Denken], Jerusalem 2009. Zur Tätigkeit des jüdischen Museums in Breslau vgl. Deborah Ascher Barnstone, The Breslau Jewish Museum. »Disintegration of the Manifest World«, in: Journal of Modern Jewish Studies 12 (2013), H. 3, 459–478. Das Gemeindearchiv wurde von Aron Hoeffer aus Koźmin aufgebaut und geleitet. Zu seiner Geschichte vgl. Bernhard Brilling, Das Archiv der Breslauer jüdischen Gemeinde, in: Jahrbuch der Schlesischen Friedrich-Wilhelms-Universität zu Breslau 18 (1973), 258–284; ders., Das jüdische Archivwesen in Deutschland, in: Der Archivar. Mitteilungsblatt für deutsches Archivwesen 13 (1960), H. 2–3, 271–290. Das kulturelle Leben der Juden von Breslau und ihr Beitrag zur deutschen Kultur behandelt Małgorzata Stolarska-Fronia, Udział środowisk Żydów wrocławskich w artystycznym i kulturalnym życiu miasta od emancypacji do 1933 roku [Die Teilnahme der jüdischen Gemeinschaften in Breslau am künstlerischen und kulturellen Leben der Stadt von der Emanzipation bis 1933], Warschau 2008.

Arbeiten zu osteuropäischen Juden in Niederschlesien, auf die ich mich besonders stütze, sind: Trude Maurer, Ostjuden in Deutschland 1918–1933, Hamburg 1986; Jack Wertheimer, Unwelcome Strangers. East European Jews in Imperial Germany, New York/Oxford 1987; Max Jacobsohn, Ostjuden in Breslau. Erinnerungen an eine kämpferische Periode meines Lebens, in: Mitteilungen des Verbandes ehemaliger Breslauer und Schlesier in Israel e. V. 32 (1972), 2–5.

Zu Niederschlesien unter Naziherrschaft vgl. die Monografie von Sebastian Siebel-Achenbach, Lower Silesia From Nazi Germany to Communist Poland, 1942–1949, Basingstoke 1994; ferner Norman Davies/Roger Moorhouse, Microcosm. Portrait of a Central European City, London 2002, bes. das Kapitel »Breslau before and during the Second World War, 1918–45«, 326–406. Eine gute Darstellung des Schicksals der jüdischen Gemeinden in Breslau im Nationalsozialismus findet sich im Tagebuch des 1888 in Breslau geborenen Willy Cohn. Er lebte in Breslau bis zu seiner Deportation nach Litauen im Jahr 1941 und seiner Erschießung in der Stadt Kowno: ders., Kein Recht, nirgends. Tagebuch vom Untergang des Breslauer Judentums 1933–1941, hg. von Norbert Conrads, 2 Bde., Köln/Weimar/Wien 2006. Vgl. zu diesem Tagebuch die Dissertationsschrift von Tamar Cohen Gazit, Be-ẓel ha-schilton ha-naẓi. Ha-kehila ha-jehudit be-Bresla'u 1933–1941. Degem shel hitmodedut im bedidut u-meẓuka [Im Schatten der Naziherrschaft. Die jüdische Gemeinde in Breslau 1933–1941. Ein Beispiel für den Umgang mit Isolation und Not], Jerusalem 2020, sowie Abraham Ascher, A Community under Siege. The Jews of Breslau under Nazism, Stanford, Calif., 2007; Friedla, Juden in Breslau/Wrocław 1933–1949, 116–331. Zu jüdischer Kultur und Bildung in der Stadt während des Kriegs vgl. Moshe Ayalon, Jewish Life in Breslau 1938–1941, in: The Leo Baeck Institute Year Book 41 (1996), H. 1, 323–345.

Die Beschlagnahme jüdischen Eigentums in Niederschlesien hat Franciszek Połomski breit behandelt: ders., Die »Arisierung« des jüdischen Vermögens in Schlesien 1933–1945, in: Friedrich-Carl Schultze-Rhonhof/Peter Maser (Hgg.), Geschichte der Juden in Schlesien im 19. und 20. Jahrhundert, Hannover 1995, 67–74; ders., Zawłaszczenie i sprzedaż cmentarzy żydowskich w latach II wojny światowej na Śląsku. Ze studiów nad prawem własności w III Rzeszy [Aneignung und Verkauf jüdischer Friedhöfe während des Zweiten Weltkriegs in Schlesien. Studien zum Eigentumsrecht im Dritten Reich], in: Studia nad Faszyzmem i Zbrodniami Hitlerowskimi [Studien zum Faschismus und zu Hitlers Verbrechen] 11 (1987), 299–332. Zur Plünderung des Jüdisch-Theologischen Seminars vgl. Anna Kawałko, From Breslau to Wrocław. Transfer of the Saraval Collection to Poland and the Restitution of Jewish Cultural Property after WW II, in: Naharaim. Zeitschrift für deutsch-jüdische Literatur und Kulturgeschichte/Journal of German-Jewish Literature and Cultural History 9 (2015), H. 1–2, 48–72, speziell zu diesem Thema 52–55. Zur Geschichte der Privatsammlung von Max Silberberg hat gearbeitet: Anja Heuß, Die Sammlung Max Silberberg in Breslau, in: Andrea Pophanken/Felix Billeter (Hgg.), Die Moderne und ihre Sammler. Französische Kunst in deutschem Privatbesitz vom Kaiserreich zur Weimarer Republik, Berlin 2001, 311–326.

Von den Beiträgen, die sich mit der Situation der Juden in Niederschlesien nach dem Krieg befassen, sind zu erwähnen: Marek Szajda, Żydzi niemieccy w Jeleniej Górze tuż po zakończeniu II wojny światowej [Deutsche Juden in Jelenia Góra unmittelbar nach dem Ende des Zweiten Weltkriegs], in: Rocznik Ziem Zachodnich [Jahrbuch zu den Westgebieten] 2 (2018), 187–206; Kateřina Čapková, Germans or Jews? German-Speaking Jews in Poland and Czechoslovakia after World War II, in: Kwartalnik Historii Żydów 246 (2013), H. 2, 348–362; Katarzyna Friedla, Das Stigma der Zugehörigkeit. Die Situation deutscher, den Holocaust überlebender Juden in Wrocław (Breslau) und in Niederschlesien (1945 bis 1946), in: Adam Dziurok/Piotr Madajczyk/Sebastian Rosenbaum (Hgg.), Die Haltung der kommunistischen Behörden gegenüber der deutschen Bevölkerung in Polen in den Jahren 1945 bis 1989, Gliwice/Opole 2015, 77–90. Die Informationen zum Transfer deutscher Juden aus Kłodzko sind entnommen: Tamara Włodarczyk, Osiedle żydowskie na Dolnym Śląsku 1945–1950 (na przykładzie Kłodzka) [Jüdische Ansiedlung in Niederschlesien 1945–1950 (am Beispiel von Kłodzko)] (Masterarbeit, Universität Wrocław, 2010), <https://www.bibliotekacyfrowa.pl/publication/31227> (8. August 2025), 56f. Zum Transfer deutscher Juden aus Wrocław vgl. die mehrfach genannte Monografie von Friedla, Juden in Breslau/Wrocław 1933–1949, 358. Die Listen deutscher Juden, die 1945 nach Deutschland übergesiedelt sind, finden sich in: Staatsarchiv in Wrocław (Archiwum Państwowe we Wrocławiu, APW), Sammlung 0/334/82: Stadtverwaltung der Stadt Wrocław, Akte Nr. 135, Transport Żydów niemieckich z Wrocławia 1945 [Transport der deutschen Juden aus Wrocław 1945]. Vgl. außerdem Andrew Demshuks Analyse der Reiseberichte ehemaliger Breslauer, die ihre Stadt nach dem Krieg besucht haben: ders., »Wehmut und Trauer«. Jewish Travelers in Polish Silesia and the Foreignness of »Heimat«, in: Jahrbuch des Simon-Dubnow-Instituts/Simon Dubnow Institute Yearbook 6 (2007), 311–335.

Eine neuere Darstellung der Tätigkeit der Zentralen Jüdischen Historischen Kommission in Polen nach dem Krieg findet sich bei Agnieszka Haska, »Zbadać i wyświetlić«. Centralna Żydowska Komisja Historyczna (1944–1947) [»Untersuchen und ans Licht bringen«. Die Zentrale Jüdische Historische Kommission (1944–1947)], in: Zagłada Żydów. Studia i materiały [Judenvernichtung. Studien und Materialien] 13 (2017), 110–137; ferner dazu Stephan Stach, Die Zentrale Jüdische Historische Kommission und das Jüdische Historische Institut in Polen/The Central Jewish Historical Commission and the Jewish Historical Institute in Poland, in: Christian Jasch/Stephan Lehnstaedt (Hgg.), Verfolgen und Aufklären. Die erste Generation der Holocaustforschung/Crimes Uncovered. The First Generation of Holocaust Researchers (Ausstellungskatalog), Berlin 2019, 208–231. Stach hat auch die Forschungstätigkeit des Jüdischen Historischen Instituts im kommunistischen Polen untersucht: ders., »Duch czasu wycisnął jednak na tej pracy swe piętno«. Historia Zagłady w badaniach Żydowskiego Instytutu Historycznego w okresie stalinowskim [»Der Zeitgeist hat jedoch diesem Werk seinen Stempel aufgedrückt«. Die Geschichte des Holocaust in der Forschung des Jüdischen Historischen Instituts während des Stalinismus], in: Zagłada Żydów. Studia i materiały 13 (2017), 138–159. Vgl. zu den wichtigsten Anschaffungen des Instituts nach dem Krieg Magdalena Sieramska, Muzeum Żydowskiego Instytutu Historycznego – zbiory i działalność [Das Museum des Jüdischen Historischen Instituts – Sammlungen und Aktivitäten], in: Andrzej Żbikowski/Ewa Biernacka (Hgg.), Żydowski Instytut Historyczny. 50 lat działalności. Materiały z konferencji jubileuszowej [Jüdisches Historisches Institut. 50 Jahre Tätigkeit. Materialien der Jubiläumskonferenz], Warschau 1996, 57–63.

Zum Schicksal der Breslauer Bibliothek nach dem Krieg: Anna Holzer-Kawalko, The Dual Dynamics of Postwar Cultural Restoration. On the Salvage and Destruction of the Breslau Rabbinical Library, in: Elisabeth Gallas u. a. (Hgg.), Contested Heritage. Jewish Cultural Property after 1945, Göttingen 2020, 91–102, <https://www.vr-elibrary.de/doi/pdf/10.13109/9783666310836> (8. August 2025). Informationen zu Einzelobjekten der Breslauer Bibliothek, die sich in Russland befinden, habe ich entnommen: Karina A. Dmitrieva (Hg.), Katalog rukopisej i archivnych materialov iz evrejskoj teologičeskoj seminarii goroda Breslau v rossijskich chraniliščach [Katalog der Manuskripte und Archivalia des Jüdisch-Theologischen Seminars in Breslau in russischen Verwahrungsorten], Moscow 2003. Die Tätigkeit des Bejt ha-Sefarim (Haus der Bücher) für geraubte jüdische Bibliotheken haben bislang vor allem Dov Schidorsky und Yfaat Weiss erforscht: Dov Schidorsky, Gewilim nisrafim we-otijot porḥot. Toldotejhem schel osfej sefarim u-sifrijot be-Ereẓ Jisra'el we-nisejonot le-haẓalat seridejhem be-Eropa le-aḥar ha-scho'a [Burning Scrolls and Flying Letters. A History of Book Collections and Libraries in Mandatory Palestine and of Book Salvaging Efforts in Europe after the Holocaust], Jerusalem 2008; Yfaat Weiss, Von Prag nach Jerusalem. Jüdische Kulturgüter und israelische Staatsgründung, in: Vierteljahreshefte für Zeitgeschichte 63 (2015), H. 4, 513–538. Vgl. außerdem zur Geschichte des Bejt ha-Sefarim: Anna Holzer-Kawałko/Enrico Lucca, Sifrijat ha-gola. Tekumat Bejt ha-Sefarim ha-le'umi we-ha-universita'i bi-Jeruschalajim we-kibbuẓ ha-osafim [Die Exilbibliothek. Aufbau der National- und Universitätsbibliothek in Jerusalem und die Anschaffung von Sammlungen], in: Yfaat Weiss/Uzi Rebhun (Hgg.), Toldot ha-universita ha-ivrit bi-Jeruschalajim. Medinat ha-le'om weha-haskalah ha-gevoha [History of the Hebrew University of

Jerusalem, Bd. 5: The Nation-State and Higher Education], Jerusalem 2024, 719–766.

1 Jacob Egit, Grand Illusion, Toronto 1991, 57–59.
2 Archiv des Jüdischen Historischen Instituts in Warschau Emanuel Ringelblum (Archiwum Żydowskiego Instytutu Historycznego im. Emanuela Ringelbluma, AŻIH), Dossier I/303: Zentralkomitee der Juden in Polen. Präsidium und Sekretariat (Centralny Komitet Żydów w Polsce. Prezydium i Sekretariat), Akte Nr. 303/I/119.
3 Vgl. Manifest Polskiego Komitetu Wyzwolenia Narodowego [Manifest des Polnischen Komitees der Nationalen Befreiung], in: Rocznik Lubelski 2 (1959), 7–14, hier 10 f.
4 Grabski, Centralny Komitet Żydów w Polsce (1944–1950) [Das Zentralkomitee der Juden in Polen (1944–1950)], 19.
5 Vgl. Egit, Grand Illusion, 48.
6 Ders., Rok życia żydowskiego na Dolnym Śląsku [Ein Jahr jüdisches Leben in Niederschlesien], in: Nowe Życie. Trybuna Wojewódzkiego Komitetu Żydowskiego na Dolnym Śląsku [Neues Leben. Zeitschrift des Woiwodschaftskomitees der Polnischen Juden für Niederschlesien], 15. Juli 1946, 1.
7 Ders., O nową kulturę żydowską [Für eine neue jüdische Kultur], in: ebd., 1. Januar 1947, 3.
8 Ders., Grand Illusion, 58.
9 Digitales Archiv des Zentrums »Gedenken und Zukunft« (Cyfrowe Archiwum Ośrodka »Pamięć i Przyszłość«, OPiP), Bestand 1: Oral-History-Archiv (Archiwum Historii Mówionej), Serie 7: AHM MONA, PL OPiP III-1-7-74, Zeitzeugenbericht von Dawid Ringel.
10 OPiP, Bestand 1, Serie 7, PL OPiP III-1-7-424, Zeitzeugenbericht von Luta Brachfeld.
11 OPiP, Bestand 1, Serie 7, PL OPiP III-1-7-124, Zeitzeugenbericht von Dora Hiller-Mańczak.
12 CA, Zeitzeugenbericht von Michał Warzager, <https://www.centropa.org/en/biography/michal-warzager> (8. August 2025).
13 Jacob Pat, Ashes and Fire, aus dem Jidd. übers. von Leo Steinberg, New York 1947, 142.
14 OPiP, Bestand 1, Serie 7, PL OPiP III-1-7-74, Zeitzeugenbericht von Dawid Ringel.
15 OPiP, Bestand 1, Serie 7, PL OPiP III-1-7-426, Zeitzeugenbericht von Szaul Meydav.

16 Pat, Ashes and Fire, 149.
17 Joseph Tenenbaum, In Search of a Lost People. The Old and the New Poland, New York 1948, 253.
18 Vgl. Egit, Grand Illusion, 44.
19 Norbert Elias, Reflections on a Life, Cambridge 1994, 19.
20 Ebd.
21 Die Daten sind entnommen: Ascher, A Community under Siege, 49.
22 Im März 1933 wurde Helmuth Brückner, Mitglied der NSDAP ab 1924, zum Oberpräsidenten der Provinz Niederschlesien ernannt. Im selben Monat erlangte die NSDAP bei den Landtagswahlen im Wahlkreis Breslau einen hohen Stimmenanteil.
23 Vgl. zur Anzahl solcher Anträge Ascher, A Community under Siege, 91.
24 Ebd., 126.
25 Cohn, Kein Recht, nirgends, das Zitat findet sich in Bd. 2, 596.
26 Vgl. Friedla, Juden in Breslau/Wrocław 1933–1949, 342 f.
27 Vgl. Szajda, Żydzi niemieccy w Jeleniej Górze tuż po zakończeniu II wojny światowej [Deutsche Juden in Jelenia Góra unmittelbar nach dem Ende des Zweiten Weltkriegs], 196.
28 Vgl. Wieczorek, Żydzi w Wałbrzychu i powiecie wałbrzyskim 1945–1968 [Juden in Wałbrzych und im Landkreis Wałbrzych 1945–1968], 12.
29 Vgl. Włodarczyk, Osiedle żydowskie na Dolnym Śląsku 1945–1950 (na przykładzie Kłodzka) [Jüdische Ansiedlung in Niederschlesien 1945–1950 (am Beispiel von Kłodzko)], 52.
30 Vgl. Brilling, Die jüdischen Gemeinden Mittelschlesiens, 86 f.
31 Zit. nach Friedla, Juden in Breslau/Wrocław 1933–1949, 346 f.
32 Szajda, Żydzi niemieccy w Jeleniej Górze tuż po zakończeniu II wojny światowej [Deutsche Juden in Jelenia Góra unmittelbar nach dem Ende des Zweiten Weltkriegs], 196 f.
33 Zit. nach Friedla, Juden in Breslau/Wrocław 1933–1949, 353.
34 Gemeint ist vermutlich der Leiter der Politischen Abteilung des Ministeriums für Öffentliche Verwaltung Adam Grabowski.
35 Archiv des Tadeusz-Taube-Lehrstuhls für Judaistik (Katedra Judaistyki im. Tadeusza Taubego) der Universität Wrocław, Sammlung Woiwodschaftskomitee der Polnischen Juden für Niederschlesien (Wojewódzki Komitet Żydów Polskich na Dolny Śląsk), Akte Nr. 1/1, Protokoły i sprawozdania z działalności Wojewódzkiego Komitetu Żydowskiego w Rychbachu (Dzierż-

oniowie 1945) [Protokolle und Tätigkeitsberichte des Jüdischen Woiwodschaftskomitees in Rychbach (Dzierżoniów 1945)].

36 Włodarczyk, Osiedle żydowskie na Dolnym Śląsku 1945–1950 (na przykładzie Kłodzka) [Jüdische Ansiedlung in Niederschlesien 1945–1950 (am Beispiel von Kłodzko)], 55 f.

37 APW, Sammlung Woiwodschaftsamt Wrocław, Akte Nr. VI/271, Sprawy Żydów niemieckich starających się o pobyt na Z. O. [Die Angelegenheiten von deutschen Juden, die sich um Aufenthalt in den W. G. (Wiedergewonnenen Gebieten) bemühen], 1947, 2 f.

38 AŻIH, Dossier XVI/303: Zentralkomitee der Juden in Polen. Rechtsabteilung [Centralny Komitet Żydów w Polsce. Wydział Prawny], Akte Nr. 188/XVI/303, Brief von Jakub Egit an das Zentralkomitee der Juden in Polen, 11. Juni 1947.

39 APW, Sammlung Woiwodschaftsamt Wrocław, Akte Nr. VI/271, Sprawy Żydów niemieckich starających się o pobyt na Z. O., 1947, 2 f.

40 Demshuk, »Wehmut und Trauer«, 331.

41 Walter Laqueur, Heimkehr. Reisen in die Vergangenheit, Berlin 1964, 25.

42 Ebd.

43 Ebd., 17 f.

44 Günther Anders, Besuch im Hades. Auschwitz und Breslau 1966. Nach »Holocaust« 1979, München ³1996, 75.

45 Ebd., 62.

46 Laqueur, Heimkehr, 39 f.

47 Anders, Besuch im Hades, 124 f.

48 Fritz Stern, Fünf Deutschland und ein Leben. Erinnerungen. Aus dem Engl. von Friedrich Griese, München 2007 (zuerst engl. 2006), 16 f.

49 Ebd., 15 f.

50 O. A., Surviving Polish Jews Make Lower Silesia a New Jewish Center; Merge with German Jews, in: Jewish Telegraphic Agency, 9. Oktober 1945, 3.

51 AŻIH, Dossier 310: Sammlung des Jüdischen Historischen Instituts (Żydowski Instytut Historyczny), Akte Nr. 310/2140.

52 AŻIH, Sammlung Dossier XIII/303: Zentralkomitee der Juden in Polen. Abteilung für Kultur und Propaganda (Centralny Komitet Żydów w Polsce. Wydział Kultury i Propagandy), Akte Nr. 303/6/XIII, Barbara Bermanowa, Bericht über die Tätigkeiten zum Aufbau der Jüdischen Zentralbibliothek in Warschau bis zum 1. Juni 1945, 8. Juni 1945.

53 AŻIH, Dossier 310, Akte Nr. 310/2140, Jüdisches Historisches Bezirkskomitee (J. Potruch) an die Zentrale Jüdische Historische Kommission in Łódź, 18. April 1947.
54 Ebd., 28. August 1947.
55 AŻIH, Dossier 310, Akte Nr. 310/2140, Woiwodschaftskomitee der Polnischen Juden für Niederschlesien (Jakub Egit) an das Zentralkomitee der Juden in Polen, 8. November 1947.
56 AŻIH, Dossier 310, Akte Nr. 310/2140, Nachman Blumental an die Leitung des Zentralkomitees der Juden in Polen, 23. Oktober 1947.
57 AŻIH, Dossier 310, Akte Nr. 310/1716, Genehmigung Nr. 367 für die Ausfuhr von Gütern aus den Wiedergewonnenen Gebieten, 9. Januar 1948.
58 AŻIH, Dossier 310, Akte Nr. 310/2140, J. Potruch, Liste der Materialien und Bücher, die am 21. Januar 1948 dem Jüdischen Historischen Institut zugeschickt wurden, 9. Februar 1948.
59 AŻIH, Dossier 310, Akte Nr. 310/1547, Jeszaja Trunk, Bibliothek des Jüdischen Historischen Instituts, undatiert; Efraim F. Kupfer, Abteilung für Handschriften und Inkunabeln im Jüdischen Historischen Institut, undatiert.
60 AŻIH, Sammlung Dossier XIII/303, Akte Nr. 303/6/XIII, Barbara Bermanowa, Tätigkeitsbericht der Jüdischen Zentralbibliothek 1. Juli bis 31. Dezember 1948, 28. Januar 1949.
61 Vgl. z. B. das Archiv der Hebräischen Universität Jerusalem, Akte 1939/042: Die Bibliothek (Ha-sifrija), Gotthold Weil an die Universitätsleitung, 30. Mai 1939.
62 Archiv der Israelischen Nationalbibliothek, Archion Ha-Sifrija ha-Le'umit [Archiv der Nationalbibliothek], Oẓrot ha-gola [Schätze der Diaspora], Shunami 8/1, L. Kedar (Abteilung für Osteuropa) an Curt Wormann (Nationalbibliothek), 1. November 1959.
63 Ebd.
64 Ebd., Curt Wormann (Nationalbibliothek) an L. Kedar (Abteilung für Osteuropa), 12. November 1959; vgl. auch ebd., Curt Wormann an Bernard Mark, 12. November 1959.
65 Vgl. Krzysztof Pilarczyk, Inkunabuły hebrajskie ze zbioru Saravala w Bibliotece Uniwersyteckiej we Wrocławiu [Hebräische Inkunabeln aus der Saraval-Sammlung in der Universitätsbibliothek Wrocław], in: Studia Judaica. Biuletyn Polskiego Towarzystwa Studiów Żydowskich 14, (2011), H. 2, 291–314.

Zur Autorin

Anna Holzer-Kawałko ist Postdoktorandin an der Hebräischen Universität Jerusalem und seit 2025 wissenschaftliche Mitarbeiterin im Internationalen Graduiertenkolleg »Belongings: Jewish Material Culture in Twentieth-Century Europe and Beyond«, einem Kooperationsprojekt von Hebräischer Universität, Universität Leipzig und Leibniz-Institut für jüdische Geschichte und Kultur – Simon Dubnow. In ihren Forschungen befasst sie sich mit Büchern und Bibliotheken als Quellen für die jüdische politische und soziale Geschichte im 20. Jahrhundert. Diesem Thema widmete sie auch ihre Promotion, die sie unter dem Titel »Vanishing Heritage. Nation-Building, Cultural Restitution and German-Jewish Libraries in Postwar Czechoslovakia« 2022 erfolgreich an der Hebräischen Universität verteidigt hat und derzeit für den Druck bei Indiana University Press vorbereitet. Bei Vandenhoeck & Ruprecht erschien 2020 in ihrer und in der Herausgeberschaft von Elisabeth Gallas, Caroline Jessen und Yfaat Weiss der Katalogband *Contested Heritage. Jewish Cultural Property after 1945*. Darüber hinaus hat sie im *Jahrbuch des Dubnow-Instituts/Dubnow Institute Yearbook*, im *Leo Baeck Institute Yearbook* sowie in *Naharaim. Zeitschrift für deutsch-jüdische Literatur und Kulturgeschichte/Journal of German-Jewish Literature and Cultural History* publiziert. Anna Holzer-Kawałko, geboren im polnischen Racibórz, lebt und arbeitet in Jerusalem.